Otto Knoch

Täglich beten im Geist

Otto Knoch

Täglich beten im Geist

Biblischer Wegweiser
für das persönliche Gebet
und für Gebetskreise

Herder
Freiburg · Basel · Wien

Zweite Auflage

Umschlagbild:
August Pigulla, Tauffenster

Imprimatur. – Freiburg im Breisgau, den 3. August 1983
Der Generalvikar: Dr. Schlund
Herstellung: Freiburger Graphische Betriebe 1985
ISBN 3-451-19973-4

Liebe Leserin! Lieber Leser!

Dieses kleine Buch will nicht gelesen werden wie andere Bücher, sondern es will benützt werden. Seine Aufgabe ist, anhand thematisch ausgewählter Texte des Alten und Neuen Testamentes einen Weg zu weisen in den Reichtum des christlichen Lebens.
Dies geschieht mit vielfältig erprobten Hinweisen, um im Alltag nach dem Vorbild Jesu Christi zu leben und aus der Gemeinschaft mit Gott Kraft, Weisheit, Frieden und Freude zu gewinnen.
Man kann diesen geistlichen Weg allein gehen oder in Gemeinschaft mit anderen Menschen, dem Ehepartner, mit Gleichgesinnten oder mit einem Gebetskreis. Erforderlich ist nur die Bereitschaft, sich täglich 15–30 Minuten Zeit zu nehmen zum besinnlichen Lesen des angegebenen Leittextes und zum gläubigen Gespräch mit dem lebendigen Gott.
Im Verlauf mehrerer Jahre soll die Bibel, dieser Schatz von Gott geschenkter Lebensweisheit, unser eigenes Leben bereichern. Es genügt, jedes Jahr einen der angegebenen Zyklen meditierend zu durchschreiten, am besten in Hoch-Zeiten des christlichen Jahres, im Advent oder in der vorösterlichen Zeit oder in der Zeit zwischen Ostern und Pfingsten. Die zur Vertiefung angegebenen Bibeltexte regen dazu an, denselben Zyklus mehrfach zu wiederholen.
Das Ziel der Wegweisung ist, das eigene Denken, Wollen und Handeln vom Wort Gottes her bestimmen zu lassen und bewußt in Gemeinschaft mit dem liebenden Gott zu leben. Wer biblisch glaubt, hofft, liebt und betet, wird in Wahrheit Mensch.
Die drei Lesezyklen dieses Buches wurden – in Heftform und als Manuskript gedruckt – ursprünglich als Handreichungen des Bischöflichen Seelsorgeamtes Passau veröffentlicht und erprobt.

Inhalt

Hinweise zum Gebrauch des Wegweisers

1. Gläubige Überlegung und fester Entschluß . . . 9
2. Praktische Planung 10
3. Zum Vollzug 11
4. Zur Vertiefung 11
5. Hilfen für den Einstieg und die Weiterführung . 12

Erster Lesezyklus
Reifen als Christ: Leben aus der Kraft des Geistes

Einführung: Der Geist Gottes und das neue Leben 14
1. Woche: Geschöpf in Gottes Welt 17
2. Woche: Erbe einer langen Geschichte 25
3. Woche: Gottes Liebe zu uns Menschen 33
4. Woche: Die Übergabe an Gott durch Christus . 41
5. Woche: Die Kraft des neuen Lebens 49
6. Woche: Das Leben als heiliger Dienst 57
7. Woche: Glied am Leib Christi 65

Zweiter Lesezyklus
Beten im Geist Gottes

Einführung: Vom Wesen des christlichen Betens . 74
1. Woche: Herr, lehre uns beten 77
2. Woche: Wenn ihr betet, so sagt: Abba, lieber Vater 85
3. Woche: Wenn ihr betet, macht es nicht wie die Heuchler 93
4. Woche: Wacht und betet allezeit 101
5. Woche: Alle wurden mit dem Heiligen Geist erfüllt 109
6. Woche: Alles, um was ihr in meinem Namen bittet 117
7. Woche: Betet jederzeit im Geist 125

Dritter Lesezyklus
Als Christ leben und Gott loben mit den Psalmen

Einführung: Eigenart und Bedeutung der Psalmen . 134
1. Woche: Der Mensch vor der Größe Gottes, des Schöpfers 137
2. Woche: Gott, der Herr und Retter seines Volkes 145
3. Woche: Gott, der Heiland des Menschen in der Not 153
4. Woche: Das Leben des Menschen unter Gottes Vorsehung 161
5. Woche: Der Christ unter dem Anruf Gottes . . 169
6. Woche: Der Christ unter der Herrschaft des Gesalbten Gottes 177
7. Woche: Das Glück der Glaubenden: Gemeinschaft mit Gott 185

Hinweise zum Gebrauch des Wegweisers

Als geliebte Geschöpfe Gottes sind wir auf Gott hin ausgerichtet. Erst in der Gemeinschaft mit ihm können wir unser menschliches Leben in seiner ganzen Wirklichkeit erfahren und entfalten.
Durch die Taufe wurde uns der Geist Gottes geschenkt, Lebenskraft aus der Lebensfülle Gottes. Dadurch treten wir in eine neue, enge Gemeinschaft mit Gott und seinem Sohn Jesus Christus ein und werden von Gott als Kinder in Liebe angenommen. Seither sind wir mit Gott innerlich verwandt. Der Geist Gottes drängt uns, die Gemeinschaft mit Gott bewußt zur Grundlage unseres Lebens zu machen. Das Wort Gottes, das uns die Bibel überliefert, kann uns dabei der beste Führer und Helfer sein. Um es sinnvoll zu gebrauchen, bedarf es einiger Hinweise. Dieser Wegweiser will dir dabei an die Hand gehen.

1. Gläubige Überlegung und fester Entschluß

Werde still vor dem Angesicht Gottes, prüfe deinen bisherigen Weg und erwecke die Bereitschaft, bewußt als Kind Gottes in der Gemeinschaft mit Gott zu leben und darin zu reifen.
Prüfe, was dich bisher hinderte, Gottes Willen zu entsprechen und in Glaube, Hoffnung und in der Liebe zu Gott und zu den Mitmenschen zu wachsen.
Entscheide dich klar dafür, gewissenhaft und treu den Weisungen dieses Wegweisers zu entsprechen und täglich den jeweiligen biblischen Text gläubig zu bedenken und darüber mit Gott im Gebet zu sprechen.
Versäume nicht, zu Beginn Gott um Hilfe zu bitten, daß dieses Vorhaben gelingt und dir zum Segen gereicht. Sage es mit eigenen Worten oder mit einem der folgenden Gebete; weitere geeignete Gebete finden

sich zum Beispiel im „Gotteslob“ (Katholisches Gebet- und Gesangbuch, hrsg. von den Bischöfen Deutschlands und Österreichs und der Bistümer Bozen-Brixen und Lüttich).

„Mein Herr und mein Gott!
Nimm alles von mir, was mich hindert zu dir!
Gib alles mir, was mich fördert zu dir!
Mein Herr und mein Gott!
Nimm mich mir und gib mich ganz zu eigen dir!“
(Nikolaus von der Flüe).

„Komm, Heiliger Geist,
erfülle die Herzen deiner Gläubigen
mit dem Feuer deiner göttlichen Liebe!“

„Atme in mir, du Heiliger Geist, daß ich Heiliges denke!
Treibe mich, du Heiliger Geist, daß ich Heiliges tue!
Lenke mich, du Heiliger Geist, daß ich Heiliges liebe!
Stärke mich, du Heiliger Geist, daß ich Heiliges hüte!
Hüte mich, du Heiliger Geist, daß ich es nimmer verliere!“
(Augustinus).

2. Praktische Planung

Nimm dir täglich 15–30 Minuten Zeit zur besinnlichen Lesung des biblischen Tagestextes, zur gläubigen Betrachtung und Anwendung dieses Textes auf das eigene Leben und zum freien Gebet darüber mit Gott.
Lege den günstigsten Zeitpunkt dafür im Ablauf der einzelnen Tage fest, und halte diesen Zeitpunkt unbedingt frei für das betrachtende Gebet.
Es ist möglich, den Zeitraum notfalls aufzuteilen in zwei Schritte, zunächst knappe Lesung am Beginn des Tages, dann besinnliches Bedenken und Beten im Lauf des Tages.
Erfahrungsgemäß ist es am besten, dies zu Beginn des Tages zu tun, weil da die geistigen Kräfte noch frisch sind und der Tag nachhaltig durch die biblische Meditation geprägt wird.
Freue dich auf diese Zeit und beginne mit gesammel-

ter Energie. Nichts soll dir wichtiger sein während des Tages als diese Zeit.

3. Zum Vollzug

Wähle einen stillen Raum, nimm eine gesammelte und entspannte Haltung ein, mache dir bewußt, daß Gott gegenwärtig ist in dir, sammle dich und bete zum Heiligen Geist, er möge dir das Herz öffnen und dir die rechte Einsicht schenken.
Lies dann das Leitwort des Tages und den dabei angegebenen biblischen Abschnitt und denke darüber nach, was dieser Text seinen Lesern ursprünglich sagen wollte. Frage dich sodann, was Gott dir durch diesen Text heute für dein Leben sagen will.
Sprich darüber mit Gott mit eigenen, schlichten Worten. Öffne dich ihm, erkläre ihm deine Bereitschaft, dein Leben nach seinem Willen auszurichten, und bete um die Kraft, dies auch verwirklichen zu können.
Danke Gott für seine Liebe, lobe und preise ihn für seine Allmacht und Weisheit und bete zuletzt langsam und besinnlich das Vaterunser.

4. Zur Vertiefung

Die unter der Auslegung angegebenen biblischen Texte dienen dazu, den Leitgedanken in einen größeren Zusammenhang zu stellen und dadurch zu vertiefen. Es kann hilfreich sein, die angegebenen Texte vor der Meditation zu lesen und vielleicht einen Alternativtext für die Betrachtung zu wählen. Es hat sich als förderlich erwiesen, bei genügend Zeit diese Texte nach der Meditation oder am Abend eines Tages zu lesen. Man kann diese Leseordnung auch ein zweites oder drittes Mal mit den angegebenen Alternativtexten durchmeditieren.
Wichtig ist, sich davon freizuhalten, alle Texte zu lesen. Die Ergänzungslesungen sind Angebote, nicht

mehr. Entscheidend ist, den für die Meditation gewählten Grundtext gläubig zu betrachten und darüber ins Gebet einzutreten.

5. Hilfen für den Einstieg und die Weiterführung

Vor jedem Lesezyklus wird eine Einführung in das jeweilige Thema geboten in Verbindung mit einem Hinweis auf weiterführende Buchveröffentlichungen. Es empfiehlt sich, diese Einführung gründlich zu lesen. Die angegebenen Bücher können vor oder nach dem Vollzug des Betrachtungszyklus gelesen und gebraucht werden. Sie dienen vor allem dazu, das geistlich Gewonnene zu vertiefen und fortzuführen. Denn das bewußte Leben in Gemeinschaft mit Gott ist eine lebenslange Aufgabe.

Dazu gehört auch das bewußte Mitleben mit dem gottesdienstlichen Leben der Kirche, der Empfang der Sakramente und die regelmäßige Bibellesung. Wer Freude am Leben mit Gott gewinnt, wird dankbar all die Möglichkeiten nützen, die sich bieten, diese Gemeinschaft zu pflegen und darin zu wachsen.

Erster Lesezyklus

Reifen als Christ: Leben aus der Kraft des Geistes

Einführung: Der Geist Gottes und das neue Leben

1. Der Geist Gottes als Kraft zu neuem Leben

Jesus verhieß seinen Jüngern nach seiner Auferstehung die Mitteilung einer göttlichen Kraft zu einem neuen Leben, den Geist Gottes. Durch diese Kraft sollen alle Menschen die Möglichkeit erhalten, in ein neues Verhältnis zu Gott einzutreten als Kinder Gottes und auf neue Weise in Glauben, Hoffnung und Liebe in dieser Welt zu leben. An Pfingsten hat sich die Verheißung Jesu erfüllt (vgl. Apg 2,1–32).

Ihr werdet die Kraft des Heiligen Geistes empfangen, der auf euch herabkommen wird (Apg 1,8).
Ihr habt den Geist empfangen, der euch zu Söhnen (und Töchtern Gottes) macht, den Geist, in dem wir rufen: Abba, lieber Vater! So bezeugt der Geist (Gottes) selber unserem Geist, daß wir Kinder Gottes sind (Röm 8,15).
Die Frucht des Geistes ist Liebe, Freude, Friede, Güte (Gal 5,22).

2. Die Entscheidung für ein neues Leben

Jedem Christen wird die Kraft des Heiligen Geistes durch Taufe und Firmung geschenkt (vgl. Apg 2,38f; 8,14–25; 19,1–7). Damit diese Kraft aber sich auswirken kann im Leben eines Christen, muß dieser sich bewußt für ein Leben in der Nachfolge Christi entscheiden und sich Gottes Willen unterstellen. „Dein Reich komme! Dein Wille geschehe!" Dieser Entschluß öffnet der Kraft des Geistes Gottes den Weg, die Führung in diesem Leben zu übernehmen. Dadurch werden im Leben eines Christen neue, schöpferische Kräfte zum Guten frei (vgl. Gal 5,22ff; 1 Kor 13). Er erfährt Frieden, Gelassenheit und die Fähigkeit zur Liebe als Grundgegebenheiten eines neuen Lebens. An die Stelle von Furcht und Ichverkrampfung tritt Vertrauen, Freude und Selbstlosigkeit. Die Gesinnung

Christi prägt fortan das Leben dieses Christen und macht es zu einem kostbaren Geschenk Gottes.

3. Die Charismen

Daneben werden jedem Christen durch Taufe und Firmung besondere Befähigungen verliehen, die der Apostel Paulus Charismen, Gnadengaben nennt. Es sind Fähigkeiten, die dem Leben und dem Aufbau der christlichen Gemeinden dienen, zu denen der einzelne Christ gehört, aber auch dem Leben und dem Aufbau der Gesellschaft, in der der einzelne Christ steht. Paulus zählt einige dieser Charismen in seinen Briefen auf (vgl. 1 Kor 12–14; Röm 12,3–8), doch nicht alle, denn die Charismen entsprechen der Vielfalt der menschlichen Aufgaben, Situationen und Dienste. Wo wir uns bewußt in den Dienst Gottes stellen, entdecken wir die uns geschenkten neuen Fähigkeiten.

4. Die charismatische Bewegung

Seit dem Zweiten Vatikanischen Konzil haben sich in der katholischen Kirche – in den evangelischen Kirchen ist eine ähnliche Entwicklung zu beobachten – überall Gruppen und Gebetskreise gebildet, in denen bewußt versucht wird, die Kraft des Geistes Gottes neu zu entdecken und aus dieser Kraft das eigene Leben durchgehend zu gestalten. In diesen Gebetskreisen können die Möglichkeiten des Lebens aus dem Geist und im Geist Gottes auf ursprüngliche Weise erfahren werden. Darum ist es ein großer Gewinn für das Leben der einzelnen Christen, sich solchen Gruppen anzuschließen und sich darin gemeinsam mit Gleichgesinnten auf den Weg der Nachfolge Christi zu begeben. Vor allem die Teilnahme an sogenannten Gebets- oder Geistseminaren ist hier besonders zu empfehlen.

5. Weiterführende Möglichkeiten

Hinzuweisen ist auf Einkehrtage, Exerzitien, geistliche Kreise und auf die sogenannten Geist-Seminare der charismatischen Bewegung. Über *Gebetskreise und Geistseminare* informieren der „Rundbrief der Katholischen-Charismatischen Gemeindeerneuerung" (Bezugsadresse: Kommunikationsdienst der Gemeindeerneuerung, 8390 Passau, Innstr. 16) und die Zeitschrift: „Erneuerung in Kirche und Gesellschaft", hrsg. von Professor H. Mühlen, (4790 Paderborn, Scherfeder Str. 70).

Über die Wirklichkeit und das Wirken des Heiligen Geistes und über die charismatische Erneuerung, ihre theologischen Grundlagen und ihre Erfahrungen orientieren:

Knoch, O.: Der Geist Gottes und der neue Mensch. Der Heilige Geist als Grundkraft und Norm des christlichen Lebens in Kirche und Welt nach dem Zeugnis des Apostels Paulus. Stuttgart 1975.

Die Charismatische Erneuerung und die Kirchen. Mit Beiträgen von H. W. Heidland, W. J. Hollenweger, H. Mühlen. Regensburg 1977.

Erfahrungen mit dem Heiligen Geist. Zeugnisse und Berichte. Hrsg. von H. Mühlen. 3. Auflage, Topos-Taschenbücher 90, Mainz 1981.

Congar, Y.: Der Heilige Geist. Freiburg i. Br. 1982.

Dokumente zur Erneuerung der Kirchen. Hrsg. von H. Mühlen. Topos-Taschenbücher 118, Mainz 1982.

Geistesgaben heute. Hrsg. von H. Mühlen. Topos-Taschenbücher 116, Mainz 1982.

Mühlen, H.: Einübung in die christliche Grunderfahrung. Bd. 1: Lehre und Zuspruch, Bd. 2: Gebet und Erwartung. 10. Auflage, Topos-Taschenbücher 40/49, Mainz 1982.

Leitwort der 1. Woche

Auf dich hin hast du uns erschaffen, o Gott;
darum ist unser Herz unruhig,
bis es seine Ruhe findet in dir. Augustinus

Gott hat uns Menschen aus Liebe erschaffen. Er will uns teilhaben lassen an dem Reichtum und der Herrlichkeit seines Lebens. Jeder Mensch ist hingeordnet auf die volle und endgültige Gemeinschaft mit Gott, dem Schöpfer, Erhalter und Vollender der Schöpfung. Da Gott die Freiheit von uns Menschen achtet, ist es in unsere Hand gelegt, ob wir aus freiem Entschluß Gottes Angebot ergreifen und uns in Liebe und Dankbarkeit für Gott, seine Herrlichkeit, seine Lebensfülle, seine Liebe entscheiden.

1

Im Anfang hat Gott
Himmel und Erde geschaffen.
Gott schuf den Menschen als sein Abbild.
Gott sah, daß alles,
was er gemacht hatte,
sehr gut war. Gen 1,1 – 2,4

Die Welt, in der wir leben, das Leben, das wir besitzen, sind Gottes unverdiente Geschenke. Gott bedarf der Schöpfung nicht, aber er wollte uns Menschen teilhaben lassen an seinem Reichtum, am Geschenk des Lebens.
Sind wir dankbar für diese unendlich große Gabe? Erkennen wir ihn dankbar als unseren Schöpfer und Herrn an?

Herr, wie zahlreich sind deine Werke; mit Weisheit hast du sie alle gemacht (Ps 104, 1–35).
Die Hoheit des Herrn strahlt über Erde und Himmel (Ps 148, 1–14).

2

Was ist der Mensch,
daß du an ihn denkst,
des Menschen Kind,
daß du seiner dich annimmst? Ps 8,2–10

Gott setzte uns Menschen als Herrscher über die ganze Schöpfung ein. Als Gottes Verwalter sollen wir in Freiheit und schöpferischer Kraft die Schöpfung uns dienstbar machen. Welch große Möglichkeiten zu einem freien, verantwortlichen Leben in dieser Welt hat uns Gott in die Hand gelegt!
Nehmen wir die Verantwortung für unser Leben, diese hohe Gabe Gottes an uns, wirklich ernst? Erkennen wir an, daß wir Gottes Verwalter für den Bereich und die Zeit unseres Lebens sind?

Wer ist der Mensch, der das Leben liebt? (Ps 34,2–23).
Gott hat am Anfang den Menschen erschaffen und ihn der Macht der eigenen Entscheidung überlassen (Sir 15,14–17).

3

Ich sage zum Herrn:
Du bist mein Herr!
Mein ganzes Glück bist du allein! Ps 16

Wer sich des Lebens in dieser Welt freut, muß auch den Herrn der Schöpfung in Dankbarkeit und Ehrfurcht anerkennen und bekennen. Welches Kind würde nicht seine Eltern ehrfürchtig und dankbar ehren, wenn sie ihre Elternaufgabe gut meistern? Wer würde nicht auf die Liebe seiner Eltern mit Liebe antworten, da er doch sein Leben zunächst ihnen verdankt?
Ehren wir Gott aus dankbarem Herzen dafür, daß wir letztlich alles ihm verdanken, was wir sind, vorfinden und besitzen?

Deine Huld, o Gott, ist besser als das Leben! (Ps 63, 2–9).
Deine Augen sahen, wie ich entstand (Ps 139, 1–18, 23f).
Ich will dem Herrn singen, solange ich lebe (Ps 104, 1–33).

4

**Höre, Israel,
Jahwe, unser Gott, ist einzig.
Darum sollst du
den Herrn, deinen Gott, lieben
mit ganzem Herzen,
mit ganzer Seele und mit ganzer Kraft!** Dtn 6,4f

Wer mit offenen Augen und klarem Verstand in dieser Welt lebt, der wird „Gottes unsichtbare Wirklichkeit aus den Werken der Schöpfung erkennen, seine ewige Macht und Gottheit" (Röm 1,20), seine Weisheit, seine Schönheit und seine Liebe. Und er wird daher dankbar bereit sein, „Gott als Gott zu ehren" (Röm 1,21) und ihn zu lieben. Denn das letzte Geheimnis Gottes, sein tiefstes Wesen, das ist seine Liebe zu all seinen Geschöpfen.

Lieben wir Gott, weil wir seine Schöpfung voll Staunen und Dankbarkeit lieben? Lieben wir Gott, weil wir das Geschenk unseres Lebens lieben? Haben wir erkannt, daß die dankbare und ehrfürchtige Liebe zu Gott den letzten Sinn der ganzen Schöpfung darstellt?

Lobe den Herrn meine Seele, der dich dein Leben lang mit seinen Gaben sättigt! (Ps 103,1–22).
Von der Herrlichkeit des Herrn ist die ganze Erde erfüllt (Jes 6,1–4).
Alle Völker sind vor Gott wie ein Nichts (Jes 40,12–18).
Der Herr ist ein ewiger Gott, er, der die weite Erde erschuf (Jes 40,28–31).

5

Da gingen den Menschen die Augen auf
und sie erkannten,
daß sie nackt waren. Gen 3,1–24

Obwohl wir Menschen Gottes Liebe alles verdanken, Welt, Wesen und Leben, prägen Undankbarkeit, Gleichgültigkeit, Mißtrauen, ja Bitterkeit und Empörung unser Verhalten gegenüber Gott. Selber wie Gott sein wollen, nicht dankbar sein müssen, auch all das tun können, was Gott nicht will und was uns und anderen schadet, das macht uns seltsamerweise Freude. Dadurch aber zerstören wir Gottes gute Welt und zuletzt auch uns. Wer hätte das nicht schon als bittere Wirklichkeit selbst erfahren? Durch die Schuld des Menschen liegt der dunkle Schatten des Unheils von uran über Schöpfung und Menschheit.
Für welche Grundhaltung entscheiden wir uns?

Wohl dem Mann, der Freude hat an der Weisung des Herrn! (Ps 1,1–6).
Die Toren sagen in ihrem Herzen: Es gibt keinen Gott (Ps 14,1–5).
Der Mensch in Pracht, doch ohne Einsicht, gleicht dem Vieh (Ps 49,2–21).
Die Frevler haben weder Einsicht noch Verstand, sie tappen dahin im Finstern (Ps 82,1–8).
Wer weiß, ob er ein Wissender ist oder ein Unwissender? (Koh 2,12–24).
Der Mensch, knapp an Tagen, unruhvoll, geht wie die Blume auf und welkt, flieht wie ein Schatten und bleibt nicht bestehen (Ijob 14,1–12).
Die Frevler sagen: Durch Zufall sind wir geworden, und danach werden wir sein, als wären wir nie gewesen (Weish 1,16 bis 2,22).

6

Aus der Tiefe rufe ich, Herr, zu dir. Ps 130

Gott allein kann uns Menschen letztlich helfen, denn er allein kann Schuld vergeben, Krankheit heilen, Hoffnung schenken, vor Unheil schützen und den Tod überwinden. Wie Ijob bleibt uns in unserer vom Unheil geprägten Welt, in unserem bedrohten Leben letztlich nur die Hoffnung auf Gottes Erbarmen und Güte. „Ich weiß: mein Erlöser lebt" (Ijob 19,25).
Welcher Mensch hätte nicht schon gelitten unter der Not und dem Bösen in unserer Welt? Wen hat nicht in seinem Leben die Frage bedrängt, ob nicht alles sinnlos ist, was wir tun und leiden in dieser Welt?
Will Gott uns Menschen wirklich helfen? Seine Antwort erfährt, wer sich vertrauensvoll an ihn wendet.

Herr, du stärkst das Herz der Armen, du hörst auf sie (Ps 10,1–18).
Von Geburt an bin ich geworfen auf dich, vom Mutterleib an bist du mein Gott (Ps 22,2–27).
Meine Seele lechzt, Gott, nach dir (Ps 42,2–12).
Herr, mein Gott, du bist meine Zuversicht von Jugend auf (Ps 71,1–24).
Ich war in Not, und der Herr brachte mir Hilfe (Ps 116,1–9).
Ich weiß: mein Erlöser lebt (Ijob 19,23–27).

7

Lauter Güte ist Gott für Israel,
für alle Menschen mit reinem Herzen. Ps 73

Wer Gott ehrlich sucht, wird ihn finden. Die Gemeinschaft mit Gott ist mehr wert als alles, was in Gottes Schöpfung sich findet. Wir Menschen sind auf Gott hin angelegt; erst in Gott kommt unsere Lebensunruhe zur Ruhe, findet unser Herz seinen Frieden. Wer in dieser Gemeinschaft lebt, der vermag Elend und Leid vertrauensvoll zu bestehen. Denn Gottes Macht und Liebe übersteigt die Welt um ein Unendliches.

Du bist mein starker Gott; sende dein Licht und deine Wahrheit, daß sie mich leiten! (Ps 43, 1–5).
Gott, sei mir gnädig nach deiner Huld; erschaffe mir ein neues Herz (Ps 51, 3–19).
Wer gleicht dem Herrn, unserem Gott, der den Schwachen aus dem Staub emporhebt? (Ps 113, 1–9).
Die Treue des Herrn währt in Ewigkeit (Ps 117, 1–2).
Danket dem Herrn, denn seine Huld währt ewig! (Ps 118, 1–29).
Der Herr ist dein Hüter, er steht dir zur Seite (Ps 121, 1–8).
Ich erhebe meine Augen zu dir, der du hoch im Himmel thronst (Ps 123, 1–4).

Leitwort der 2. Woche

**Seht, Tage werden kommen – Wort des Herrn –,
da schließe ich mit dem Haus Israel
und dem Haus Juda einen neuen Bund ...
Ich lege mein Gesetz in sie hinein
und schreibe es in ihr Herz.
Ich werde ihr Gott sein,
und sie werden mein Volk sein.
Keiner wird mehr den anderen belehren,
und man wird nicht zueinander sagen:
Erkennet den Herrn!,
sondern sie alle, klein und groß,
werden mich erkennen...
Denn ich verzeihe ihre Schuld,
und an ihre Sünde denke ich nicht mehr.**

Jer 31,31–34

Gott bietet allen Menschen sein Heil an durch Abraham, seinen Erwählten, und durch das zum Segensträger erwählte Volk Israel. Die Menschen dieses Volkes sind aufgerufen, durch dieses Bündnis mit Gott an ihrer Erlösung mitzuwirken. Nicht äußere Güter sind wichtig für diesen Bund, sondern die Hingabe an Gott, der alle Menschen aus dem Unheil befreien will. Obwohl Menschen des Volkes Israel nicht fähig waren, im Alten Bund treu zu sein, fand Gott neue Wege, uns Menschen zu helfen. Im Neuen Bund wird sein Geist helfen, jeden Menschen zu einem echten Bundespartner Gottes zu machen.

2. Woche: Erbe einer langen Geschichte

8

Der Herr sprach zu Abram:
Ein Segen sollst du sein.
Ich will alle segnen, die dich segnen...
Durch dich sollen alle Geschlechter der Erde
Segen erlangen. Gen 12,1–3

Segen ist Zuwendung der helfenden Güte Gottes zu uns Menschen. Niemand kann glücklich werden ohne die Liebe und Güte anderer. Vor allem aber bedürfen wir des Segens Gottes, der unser Leben begleitet und schützt, das Böse zum Guten wendet und unser Leben reich macht.
Durch unseren „Vater im Glauben, Abraham", stehen wir in der Segenslinie der Menschheitsgeschichte.

Der Herr denkt an uns, er wird uns segnen (Ps 115,1–18). Abraham ist unser aller Vater vor Gott, dem er geglaubt hat, dem Gott, der die Toten lebendig macht (Röm 4,13–25).

9

Gott antwortete Mose:
Ich bin der ‚Ich bin da'!
Das ist mein Name für immer. Ex 3,1–15

Gott kümmert sich um das Schicksal eines Sklavenvolkes und macht es zum Zeugen seiner Offenbarung. Er enthüllt sich als der, der für uns Menschen da ist und von nun an immer dasein wird, wo Menschen ihn anrufen. Was sind wir Menschen doch diesem Gott wert, daß er für uns dasein, in Liebe unser Gott sein will!
Sind wir bereit, ebenso unbedingt für diesen Gott dazusein?

Zu dir, Herr, erhebe ich meine Seele. Mein Gott, auf dich vertraue ich! (Ps 25,1–21).
Die Augen des Herrn blicken auf die Gerechten, seine Ohren hören ihr Schreien (Ps 34,2–23).
Bei Gott allein kommt meine Seele zur Ruhe, von ihm kommt mir Hilfe (Ps 62,2–13).
Dankt dem Herrn, denn er ist gütig, denn seine Huld währt ewig (Ps 107,1–43).
Wer auf den Herrn vertraut, steht fest wie der Berg Zion (Ps 125,1–5).

10

**Wenn ihr auf meine Stimme hört
und meinen Bund haltet,
werdet ihr unter allen Völkern
mein besonderes Eigentum sein.
Mir gehört die ganze Erde.
Ihr aber sollt mir als ein Reich von Priestern
und als ein heiliges Volk gehören.**

Ex 19,3–9; 20,1–21

Gott ging mit Israel ein Bündnis ein unserer Zukunft als Menschen wegen, zu unserem Besten. Seither liegt es in der Hand eines jeden von uns, sich für Gott und damit für sein eigenes Heil zu entscheiden.
Erneuere daher die in der Taufe getroffene Entscheidung für Gott und bekenne voll Vertrauen: „Du bist mein Herr. Mein ganzes Glück bist du allein" (Ps 16).

Ich und meine Familie, wir wollen dem Herrn dienen! (Jos 24,1–28).
Ich bin der Herr, dein Gott, der dich heraufgeführt hat aus Ägypten (Ps 81,2–17).
Ich sage zum Herrn: Du bist mein Herr; mein ganzes Glück bist du allein! (Ps 16,1–11).

11

Das Gebot, auf das ich dich heute verpflichte,
geht nicht über deine Kraft...
Leben und Tod lege ich dir vor,
Segen und Fluch.
Wähle also das Leben...
Liebe den Herrn, deinen Gott,
höre auf seine Stimme
und halte dich an ihm fest,
denn er ist dein Leben! Dtn 30,11–20

Wer Gott ernst nimmt, nimmt auch den Bund mit ihm ernst. Gott wird ihm die Treue halten und ihn in der Treue bewahren. Gott will nicht irgend etwas von uns, er will uns selbst, ganz und unbedingt, so wie er sich ganz und unbedingt uns zuwendet und für uns entscheidet.
Das Gelingen unseres Lebens hängt davon ab, daß wir Gott lieben und ihm die Treue halten.

Samuel antwortete: Rede, Herr, dein Diener hört! (1 Sam 3,1–18).
Wer zu stehen meint, der gebe acht, daß er nicht fällt (1 Kor 10,1–13).
Die Weisung des Herrn erquickt den Menschen (Ps 19,8–15).
Wohl denen, die leben nach der Weisung des Herrn (Ps 119,1–8.33–40.105–112).

12

Verleih deinem Diener ein hörendes Herz, damit er... das Gute vom Bösen zu unterscheiden versteht. 1 Kön 3,5–15

Das Gebet des jungen Königs Salomo um Weisheit wurde von Gott erhört, weil er um das bat, was für uns Menschen am wichtigsten ist: die Einsicht in Gottes Willen. Jesus greift diese Bitte auf, indem er uns auffordert: „Euch muß es zuerst um das Reich Gottes gehen, dann wird euch alles andere dazugegeben" (Mt 6,33).

Erst wenn wir unseren Lebensplan einordnen in den großen Heilsplan Gottes mit uns Menschen, gewinnt unser Leben Richtung, Beständigkeit, Sinn und Tiefe.

Wohl dem Mann, der Freude hat an der Weisung des Herrn (Ps 1,1–6).
Der Herr ist mein Hirte (Ps 23,1–6).
Zeige mir, Herr, deine Wege, lehre mich deine Pfade (Ps 25,1–21).
Euch muß es zuerst um das Reich Gottes und seine Gerechtigkeit gehen! (Mt 6,24–33; Lk 12,22–32).
Bringt in jeder Lage eure Bitten mit Dank vor Gott (Phil 4,4–9).

13

Augen haben sie und sehen nicht.
Ohren haben sie und hören nicht.
Fürchtet ihr mich denn nicht
– Wort des Herrn –,
zittert ihr nicht vor meinem Angesicht?

Jer 5,21–22

Es gibt eine falsche religiöse Geschäftigkeit, die meint, wenn man am Gottesdienst teilnimmt und ab und zu etwas spendet, dann habe man Gott zufriedengestellt. Es gibt eine falsche bürgerliche Sicherheit, die vor allem auf Erfolg, Gewinn und Ansehen bedacht ist und glaubt, damit auch vor Gott bestehen zu können. Gott aber will Wahrhaftigkeit, aufrichtige Sorge um den Nächsten, Gerechtigkeit und Liebe. „Dieses Volk ehrt mich nur mit den Lippen, sein Herz aber ist weit von mir entfernt" (Jes 29,13). An dieser Zwiespältigkeit und Heuchelei zerbrach der Alte Bund, an dieser Halbheit und Unentschiedenheit scheitern viele Christen.
Nimmst du den Bund mit Gott ernst?

Nur wenn ihr eure Wege und euer Tun von Grund auf bessert, dann will ich bei euch wohnen (Jer 7,1–15).
Weh den Hirten Israels, die nur sich selbst weiden (Ez 34,1–10).
Erschaffe mir, Gott, ein reines Herz, und gib mir einen neuen beständigen Geist! (Ps 51,3–19).
Weh euch, ihr Schriftgelehrten und Pharisäer, ihr Heuchler! (Mt 23,1–33).

14

Ich schenke euch ein neues Herz
und lege einen neuen Geist in euch.
Ich nehme das Herz von Stein
aus eurer Brust
und gebe euch ein Herz von Fleisch.
Ich lege meinen Geist in euch
und bewirke, daß ihr meinen Gesetzen folgt
und auf meine Gebote achtet
und sie erfüllt...
(Dann) werdet ihr mein Volk sein,
und ich werde euer Gott sein! Ez 36,22–32

Durch seinen Geist wird Gott im Neuen Bund allen Menschen helfen, ihm treu zu sein in Gehorsam und Liebe. Er wird denen, die sich für ihn entscheiden, das rechte Gespür schenken für das, was Gott uns Menschen schenkt, und die rechte Großmut, seiner Güte in Liebe zu entsprechen. Diese Liebe hat sich im Alltag des Lebens zu bewähren.
Wir Christen leben im Neuen Bund. Sind wir bereit, uns durch Gottes Geist verwandeln zu lassen?

Ich werde mit dem Haus Israel und dem Haus Juda einen neuen Bund schließen. Ich lege mein Gesetz in sie hinein. Ich werde ihr Gott sein (Jer 31,31–34).
So spricht der Herr, dein Schöpfer: Fürchte dich nicht, Jakob. Ich gieße meinen Geist über deine Nachkommen aus (Jes 44,1–5).
Ihr alle werdet ‚Priester des Herrn' genannt werden (Jes 61,1–11).
Deinen Willen zu tun, mein Gott, macht mir Freude! (Ps 40,5–11).

Leitwort der 3. Woche

Die Liebe Gottes
wurde unter uns dadurch offenbart,
daß Gott seinen einzigen Sohn
in die Welt gesandt hat,
damit wir durch ihn leben. 1 Joh 4,9

Daß die Welt nicht in Ordnung ist und daß es uns Menschen nicht möglich ist, sie in Ordnung zu bringen, das liegt offen zutage. Daß auch wir selbst nicht in Ordnung sind, weil das Böse über uns Macht hat, haben wir oft bitter erfahren. Wir wissen nicht recht, wofür wir leben sollen. Wir sind auf vielfältige Weise bedroht und haben Angst. Hat das Leben überhaupt einen Sinn, wenn wir sterben müssen?
In dieser Not kann uns Menschen allein Gott helfen. Und er hat geholfen, nicht durch Programme und Anordnungen, sondern durch die Sendung seines geliebten einzigen Sohnes.

15

Wir waren Sklaven der Mächte dieser Welt;
als aber die Zeit erfüllt war,
sandte Gott seinen Sohn,
geboren von einer Frau
und dem Gesetz unterstellt,
damit wir das Recht der Sohnschaft erlangen.

Gal 4, 1–11

Es ist für uns Menschen grundlegend wichtig, die Situation zu sehen, in der wir uns befänden, wenn Gott sich nicht um uns kümmerte und wir ohne Gott zu leben hätten. Worauf könnten wir hoffen? Worüber könnten wir uns wirklich freuen? Was gäbe uns Mut und Sicherheit, wenn das Schicksal zuschlägt, wenn seelisches und leibliches Unheil uns trifft? Sind wir wirklich frei; haben wir wirklich die Kraft zum Guten? Wohin könnten wir gehen, wenn wir verzweifelt sind, wenn Schuld uns belastet? Und wie wollten wir dem Tod begegnen? Was könnte der Sinn unseres Lebens auf diesem winzigen Planeten im ungeheuren, kalten Weltall sein, wenn Gottes Liebe sich um uns Menschen nicht sorgte?
Verfasse einen Nachruf auf dein Leben unter der Voraussetzung, daß es keine Hoffnung auf Gott gäbe.

Als Heiden hattet ihr keine Hoffnung und lebtet ohne Gott in der Welt! (Eph 2, 1–22).
Ihr seid von Gott geliebt, seid seine auserwählten Heiligen! (Kol 3, 1–17).
Gepriesen sei der Herr, der Gott Israels, denn er hat sein Volk besucht und ihm Erlösung geschaffen (Lk 1, 68–79).

16

Der Zorn Gottes wird vom Himmel herab offenbart wider alle Gottlosigkeit und Ungerechtigkeit der Menschen.

Röm 1,18 – 2,11

Um die wirkliche Lage des Menschen in dieser Welt zu erkennen, müssen wir ehrlich die ungeheure Schuld sehen, die auf uns allen und auf unserer Geschichte lastet, und dazu die Macht des Bösen, die uns alle beherrscht. Wieviel Unehrlichkeit, Treulosigkeit, Rücksichtslosigkeit, Eifersucht, Lieblosigkeit, Gemeinheit, Grausamkeit und Haß tobt sich Tag um Tag in unserer Welt aus. Wieviel Böses geschieht in jeder Sekunde.

Wie tief sind auch wir selbst in das Böse verstrickt. Verdienen wir wirklich die Gnade, weiterleben zu dürfen? Haben wir nicht längst das Recht auf Zukunft verspielt? Und muß es uns nicht Angst sein um unsere Zukunft, wenn das Böse solche Macht hat, und diese Macht in unserer Welt noch wächst? Worauf können wir letztlich hoffen, wenn Gott nicht barmherzig ist?

Es gibt keinen, der gerecht ist, auch nicht einen (Röm 3,10–18; vgl. 1,18 – 2,11).
Viele leben als Feinde des Kreuzes Christi, ihr Gott ist der Bauch (Phil 3,18f).
Fürchtet Gott, und gebt ihm die Ehre! (Offb 14,6–11).
Ich bin in Schuld geboren, in Sünde hat mich meine Mutter empfangen (Ps 51,3–7; Ps 51,7 verweist darauf, daß alle Menschen Sünder sind und daß die Sünde alle erfaßt, die Eltern wie auch die Kinder. Von einer Verunreinigung durch die eheliche Gemeinschaft ist nicht die Rede).

17

Gott hat seine Liebe zu uns darin erwiesen, daß Christus für uns gestorben ist, als wir noch Sünder waren. Röm 5,1–11

Daß Gott uns Menschen auch als Sünder liebt, als solche, die sich gegen ihn empörten und ihn mißachteten, das ist letztlich unbegreiflich. Weil Gott Gott ist, darum liebt er auf großzügige, barmherzige Weise. Er will uns Menschen helfen, uns befreien und retten. Das Herz seiner Liebe ist sein Erbarmen, das ihn dazu führt, das Liebste, das er besitzt, seinen Sohn, für uns einzusetzen.

Wie weit sind wir bereit, uns für andere, auch für unsere Feinde einzusetzen? Was müssen wir Gott wert sein, wenn er so handelt? Bin ich Gott dankbar dafür, daß seine Liebe mir ein Leben voll Freude und Hoffnung schenkt?

Ist Gott für uns, wer ist dann gegen uns? (Röm 8,28–39).
Die Liebe Gottes wurde unter uns dadurch offenbart, daß Gott seinen einzigen Sohn in die Welt gesandt hat, damit wir durch ihn leben (1 Joh 4,7–16).
Ich preise dich, Vater, weil du all dies den Unmündigen offenbart hast (Mt 11,25–30).

18

**Jesus von Nazaret,
den Gott gesalbt hat
mit dem Heiligen Geist und mit Kraft,
heilte alle,
die in der Gewalt des Teufels waren.**

Apg 10,34–48

Gott wirkt sein Heil durch Jesus Christus, der mit göttlicher Kraft und Lebensfülle uns Menschen begegnet und uns aus der Gewalt des Bösen befreit, wenn wir uns retten lassen wollen. Als echter Mensch weiß Jesus, wo uns „der Schuh drückt", als Gottes Sohn und Träger göttlichen Lebens steht er jenseits des Bösen und kann es überwinden.
Wer sich durch Jesus befreien und retten lassen will, muß sich wie der Hauptmann Kornelius mit allen Kräften und ohne Zögern Jesus zuwenden: Hier bin ich, Herr, rette mich!

Jesus sagte zu dem Gelähmten: Deine Sünden sind dir vergeben! (Mk 2,3–12).
Jesus sprach: Verlaß diesen Mann, du unreiner Geist! (Mk 5,1–20).
Amen, ich sage dir: Heute noch wirst du mit mir im Paradies sein! (Lk 23,42f).
Herr, zu wem sollen wir gehen? Du hast Worte des ewigen Lebens (Joh 6,68f).

19

Jesus schlug das Buch auf und fand die Stelle,
wo geschrieben steht:
Der Geist des Herrn ruht auf mir,
denn er hat mich gesalbt.
Er hat mich gesandt,
damit ich den Armen
eine gute Nachricht bringe...
und ein Gnadenjahr des Herrn ausrufe.

Lk 4,16–30

Jesus Christus hat uns die gute Nachricht gebracht, daß durch sein Kommen und Wirken Gottes Heil allen Menschen angeboten wird. Wie arm und elend sind wir doch vor Gott. Wie sehr bedürfen wir Gottes Hilfe. Wie froh müssen wir sein, daß Gott nun Gnade vor Recht ergehen lassen will, bis zum jüngsten Tag. Wer dieses Heil gewinnen will, muß sich für Jesus Christus entscheiden. Halbheit und Unentschiedenheit führen ins Verderben. Denn allein Gottes rettende Macht vermag uns zu retten.

Alles kann, wer glaubt! (Mk 9,14–29).
Keiner, der die Hand an den Pflug gelegt hat und nochmals zurückblickt, taugt für das Reich Gottes (Lk 9,57–62).
Kommt alle zu mir, die ihr schwere Lasten zu tragen habt. Ich werde euch Ruhe verschaffen! (Mt 11,28–30).

3. Woche: Gottes Liebe zu uns Menschen

20

Der Menschensohn ist nicht gekommen,
um sich dienen zu lassen,
sondern um zu dienen
und sein Leben hinzugeben
als Lösegeld für viele. Mk 10,45

Jesus Christus ist so viel an uns gelegen, daß er sich ganz in den Dienst unserer Rettung stellte, auf alle Vorrechte verzichtete, Armut und Not nicht scheute und bereit war, selbst sein Leben für uns zu geben. Wären wir bereit, dies zu tun für Menschen, die dessen gar nicht wert sind? Ist uns unser Heil so wichtig wie Jesus Christus?

Euer himmlischer Vater will nicht, daß einer von diesen Kleinen verlorengeht (Mt 18,12–14).
Ich vermache euch das Reich, wie mein Vater es mir vermacht hat! (Lk 22,29f).
Im Himmel wird Freude herrschen über jeden Sünder, der umkehrt! (Lk 15,1–10).

21

Ich bin der gute Hirt;
ich kenne die Meinen,
und die Meinen kennen mich,
wie mich der Vater kennt
und ich den Vater kenne,
und ich gebe mein Leben hin
für die Schafe. Joh 10,11–18

Jesus Christus hat für jeden von uns sein Leben geopfert. Er will, daß jeder Mensch das Leben gewinnt, das Gott ihm schenken will. Er kennt uns durch und durch und liebt uns auf unbedingte Weise. Seiner Sorge dürfen wir uns daher ganz anvertrauen. Denn aus eigener Kraft sind wir nicht fähig, für unser Heil zu sorgen.

Im Wort (Gottes) war das Leben, und das Leben war das Licht der Menschen, und das Licht leuchtet in der Finsternis (Joh 1,1–18).
Ich gebe meinen Schafen ewiges Leben (Joh 10,22–29).
Es gibt keine größere Liebe als die, wenn einer sein Leben hingibt für seine Freunde (Joh 15,9–15).
Das Leben, das beim Vater war, wurde uns offenbart (1 Joh 1,1–4).
Gott, der Vater unseres Herrn Jesus Christus, hat uns mit allem Segen seines Geistes gesegnet durch unsere Gemeinschaft mit Christus (Eph 1,3–14).

Leitwort der 4. Woche

**Kommt alle zu mir, die ihr euch plagt
und schwere Lasten zu tragen habt!
Ich werde euch Ruhe verschaffen.
Nehmt mein Joch auf euch und lernt von mir,
denn ich bin gütig und von Herzen demütig**

Mt 11,28f

Wer Gottes Leben gewinnt, wer als Mensch erfüllt und sinnvoll leben will, der muß sich Jesus als Vorbild, Lehrer und Herrn erwählen, der muß auf ihn hören, ihm nacheifern, muß sich ihm überantworten. Sein Weg sei unser Weg, sein Wille bestimme unser Leben. Sein Geist und seine Kraft sollen in uns mächtig werden. Das Beispiel aller Heiligen zeigt, daß wahr ist, was Jesus verheißt: „Wer mir nachfolgt, wird nicht in der Finsternis umhergehen, sondern er wird das Licht des Lebens haben!" (Joh 8,12).

22

**Euch muß es zuerst um das Reich Gottes
und seine Gerechtigkeit gehen,
dann wird euch alles andere dazugegeben.**

Mt 6,24–33

Weil uns das Entscheidende geschenkt ist, das Leben, sollen wir nicht in der Sorge um die Erhaltung des irdischen Lebens aufgehen. Vielmehr sollen wir uns um die Gemeinschaft mit Gott und seinem Leben mühen. Das irdische Leben werden wir verlieren; es liegt jedoch in unserer Hand, ob wir das ewige Leben gewinnen.

Um was geht es dir vor allem anderen in deinem Sorgen und Streben? Denkst du daran, daß Gott im Gericht deinen Lebensplan überprüfen wird? Wird dein jetziges Leben vor Gott bestehen können?

Der Sinn des Lebens besteht nicht darin, daß ein Mensch aufgrund seines großen Vermögens im Überfluß lebt (Lk 12,15–21).
Wem viel gegeben wurde, von dem wird viel zurückgefordert werden (Lk 12,35–48).
Leg Rechenschaft ab über deine Verwaltung! (Lk 16,1–9).

23

Eines fehlt dir noch:
Verkaufe, was du hast;
dann komm und folge mir nach! Mk 10,17–31

Spürst du, daß es dir nicht genügt, nur deine sogenannten Pflichten, auch die religiösen, zu erfüllen? Weißt du, daß es für uns Menschen nicht genügen kann, irgend etwas zu leisten und Erfolg in dieser Welt zu haben? Daß unser Leben sich vielmehr vor Gott bewähren muß, soll es Sinn haben?
Gott ruft jeden auf seine Weise. Aber von jedem von uns fordert er nicht nur sein Werk, sondern sein Herz. Er tut dies, weil auch er sich selbst uns ganz zuwendet und uns seine Liebe schenkt (beachte V. 21: „Da sah Jesus den reichen jungen Mann an, und weil er ihn liebte, sagte er…"). Wem gehört dein Herz? Bist du bereit, dich selbst Gott zu übereignen?

Ich will euch Zukunft und Hoffnung geben. Wenn ihr von ganzem Herzen nach mir fragt, lasse ich mich von euch finden (Jer 29,11–14).
An diesen beiden Geboten hängt das ganze Gesetz samt den Propheten (Mt 22,34–40).
Wo euer Schatz ist, da ist euer Herz (Lk 12,33–34).

24

Ich bin der Weg, die Wahrheit und das Leben; niemand kommt zum Vater, außer durch mich.

Joh 14,6

Wer die Wirklichkeit erkennen und wer Anteil am Leben Gottes erhalten will, der muß auf Jesus hören, sich an seinem Lebensbeispiel ausrichten, muß sich für Jesus entscheiden. Denn er ist der Bote und Offenbarer Gottes, der wahre Lehrer, Führer und Retter der Menschen.

Bist du bereit, Jesus als den Herrn deines Lebens anzuerkennen, Jesu Schüler und Jünger zu werden?

Das wahre Licht, das jeden Menschen erleuchtet ... gab allen die Macht, Kinder Gottes zu werden (Joh 1,1–14).

Ich bin das Licht der Welt. Wer mir nachfolgt, wird das Licht des Lebens haben (Joh 8,12–20.30–36).

Um zu richten, bin ich in diese Welt gekommen: damit die Blinden sehend und die Sehenden blind werden (Joh 9,35–41).

4. Woche: Die Übergabe an Gott durch Christus

25

**Wer Vater oder Mutter mehr liebt als mich,
ist meiner nicht würdig,
und wer Sohn oder Tochter mehr liebt als mich,
ist meiner nicht würdig...
Wer das Leben um meinetwillen verliert,
wird es gewinnen.** Mt 10,37–39

Weil in Jesus Christus Gott selbst uns Menschen gegenübertritt, darum ist die Bindung an Jesus für uns Menschen wichtiger als jede andere Bindung. Wir Menschen sind als Geschöpfe, die von anderen abhängig und der Gemeinschaft mit anderen bedürftig sind, nicht absolut frei. Aber wir sollen und können die richtigen Bindungen eingehen, dem wirklichen Herrn dienen. Wer egoistisch lebt, wird scheitern, wer Christus gehört, wird das Leben im Vollsinn gewinnen.
Die Bindung an Jesus darf aber durch keine andere Bindung beeinträchtigt werden. Sie erfordert daher ein volles, klares und unbedingtes Ja, soll sie uns zum Heil gereichen. Gottes Gnade gibt uns dazu die Kraft.

Für Gott ist alles möglich (Mk 10,23–27).
Keiner, der die Hand an den Pflug gelegt hat und nochmals zurückblickt, taugt für das Reich Gottes (Lk 9,57–62).
Kein Sklave kann zwei Herren dienen (Lk 16,13).

26

**Wenn einer von euch
einen Turm bauen will,
setzt er sich dann nicht zuerst hin
und rechnet, ob seine Mittel
für das ganze Vorhaben ausreichen?
Darum kann auch keiner von euch
mein Jünger sein,
wenn er nicht auf seinen Besitz verzichtet.**

Lk 14,28–33

Große Vorhaben erfordern kluge Überlegung und sorgfältige Planung. Wer sich Jesus anschließen und durch ihn Gott unbedingt dienen will, muß daher darüber nachdenken, wie das zu verwirklichen ist. Er muß bereit sein, sein Leben als Dienst vor Gott zu verstehen. Auch die Möglichkeiten, die Freiheit, Beruf und vor allem Besitz ihm schenken, müssen dem Dienst am Reich Gottes untergeordnet werden.
Jeden Menschen ruft Gott auf seine Weise. Auch wer in der Welt bleibt, ist aufgerufen, das Hauptgebot zur Grundlage seines Lebens zu machen. Wir dürfen auf Gottes Hilfe rechnen und können es daher wagen, bewußt in seinen Dienst zu treten. Aber ohne klare Überlegung, was das im einzelnen heißt, ohne festen Entschluß, diese Entscheidung in die Tat umzusetzen, kann dieses Wagnis nicht gelingen.

Jesus sagte (zu Petrus): Komm! (Mt 14,22–23).
Wer mein Jünger sein will, der verleugne sich selbst... und folge mir nach! (Mk 8,31–38).
Ihr müßt Glauben an Gott haben! (Mk 11,22–25).

27

**Wenn das Weizenkorn
nicht in die Erde fällt und stirbt,
bleibt es allein;
wenn es aber stirbt,
bringt es reiche Frucht.
Wenn einer mir dienen will,
folge er mir nach; und wo ich bin,
dort wird auch mein Diener sein.** Joh 12,24–26

Aus Bindung wächst Freiheit, aus Dienst Herrschaft, aus Opfer Leben. Das hat uns Jesus durch sein Leben und seinen Tod vor Augen gestellt. Auch ihm fiel diese Selbsthingabe nicht leicht, wie sein inneres Ringen am Ölberg zeigt. Aber welche Wirkung haben sein Leben und Sterben in der Menschheit hervorgebracht!
Dieses Sich-Sterben und Für-Gott-Leben muß im Alltag dieser Welt vollzogen werden. Täglich muß der Jünger zu dieser Entscheidung ja sagen. Wer dazu bereit ist, wird die befreiende Kraft Gottes in seinem Leben erfahren und von Tag zu Tag erleben, wie Gott sein Leben reich und für andere fruchtbar machen wird.

Wer zu mir gehören will, der nehme täglich sein Kreuz auf sich und folge mir nach! (Lk 9,23–24).
Abba, Vater, was du willst, soll geschehen (Mk 14,36).
Wenn ich über die Erde erhöht bin, werde ich alle zu mir ziehen (Joh 12,32–36).

28

Zum drittenmal fragte Jesus:
Simon, Sohn des Johannes, liebst du mich?
Da wurde Petrus traurig
und gab ihm zur Antwort:
Herr, du weißt alles,
du weißt, daß ich dich liebhabe! Joh 21,17

Nicht beherrschen will uns Gott, sondern in weiser Großmut führen und befreien zu einem Leben des Dienstes und der Liebe. Darum kommt er mit seiner Liebe auf uns zu; darum wirbt er um unser freies Ja; darum will er nicht unsere Leistung, sondern unser Herz.

Nur durch die antwortende Liebe, durch die Hingabe an Gott aber können wir das Leben gewinnen und uns selbst dazu. Unser Leben wird nur dann zu leuchten beginnen, wenn es über alle irdischen Zielsetzungen hinweg zur Verherrlichung Gottes wird. „Für jetzt bleiben Glaube, Hoffnung und Liebe, diese drei; doch am größten unter ihnen ist die Liebe" (1 Kor 13,13).

Der Herr, unser Gott, ist der einzige Herr. Du sollst den Herrn, deinen Gott, lieben von ganzem Herzen und ganzer Seele, mit all deinen Gedanken und all deiner Kraft ... Und du sollst deinen Nächsten lieben wie dich selbst (Mk 12,28–34; vgl. Lk 10,25–28).

Das ist das ewige Leben: dich, den einzigen und wahren Gott, zu erkennen und Jesus Christus, den du gesandt hast (Joh 17,1–5).

Thomas antwortete Jesus: Mein Herr und mein Gott! (Joh 20,24–29).

Wenn Christus alles unterworfen ist, wird der Sohn sich dem unterwerfen, der ihm alles unterworfen hat, damit Gott herrscht über alles und in allem (1 Kor 15,22–28).

Leitwort der 5. Woche

**Wer durstig ist,
komme zu mir und trinke!
Wer an mich glaubt,
von dem sagt die Schrift,
daß aus seinem Innern
Ströme lebendigen Wassers fließen werden.
Damit meinte er den Geist,
den alle empfangen sollten,
die an ihn glauben.
Denn der Geist war noch nicht gegeben,
weil Jesus noch nicht verherrlicht war.**

Joh 7,37–39

Jesus verheißt für die Zeit nach seinem Tod all denen die Gabe des Geistes Gottes, die sich im Glauben ihm anschließen werden. Dies wird die Wirkung seines heilbringenden Sterbens sein. Lebendiges Wasser, das heißt Quellwasser, ist ein Bild für schöpferische Lebenskraft, die neues Leben zu bewirken vermag. Jeder, der an Jesus glaubt, wird dabei nicht nur dieses neue Leben von Gott empfangen, sondern selbst zum Ursprung neuen Lebens für andere werden. Durch den Geist Gottes wird also verwirklicht, was Jesus als das Ziel seiner Sendung herausstellte: „Ich bin gekommen, damit die Menschen das Leben haben und es in Fülle haben" (Joh 10,10).

29

Ich werde den Vater bitten,
und er wird euch einen anderen Beistand geben,
der für immer bei euch bleiben soll.
Es ist der Geist der Wahrheit. Joh 14,15–24

Durch die Gabe des Geistes Gottes wird der dreifaltige Gott auf neue Weise in dieser Welt gegenwärtig. Er lebt in all jenen, die sich Jesus Christus im Glauben anschließen. Er will ihnen den Reichtum seiner Liebe erschließen, wird ihnen die Wirklichkeit enthüllen, wie sie von Gott her aussieht, und wird sie schützen und führen. So wird der Mensch fähig, aus dieser Gemeinschaft mit dem lebendigen Gott heraus sein Leben neu zu sehen und zu vollziehen.

Der Geist der Wahrheit wird Zeugnis für mich ablegen (Joh 15,26–27).
Der Beistand wird aufdecken, was Sünde, Gerechtigkeit und Gericht ist (Joh 16,7–15).

30

Ihr werdet mit dem Heiligen Geist getauft werden ... Sie alle (aber) verharrten einmütig im Gebet. Apg 1,4–14

Der Auferstandene fordert die Gruppe derer auf, die an ihn glauben, sich auf den Empfang des Geistes Gottes vorzubereiten. Diese von Gott geschenkte Kraft soll das Werk der Erlösung vollenden und seine Jünger befähigen, für Jesus als Zeugen aufzutreten. Durch einmütiges Gebet bereiten sich alle auf diese „Geisttaufe" vor, die ihr Leben verwandeln und neu gestalten soll.
Auch für uns ist es nötig, durch die volle Öffnung unseres Herzens für Gott und durch beharrliches Gebet den Geist Gottes, der uns bei der Taufe geschenkt wurde, in uns zum Durchbruch kommen zu lassen.

Bleibt in der Stadt, bis ihr mit der Kraft aus der Höhe erfüllt werdet (Lk 24,44–49).
Paulus legte ihnen die Hände auf, und der Heilige Geist kam auf sie herab (Apg 19,1–7).

31

Und alle wurden mit dem Heiligen Geist erfüllt und begannen, in fremden Zungen zu reden, wie es der Geist ihnen eingab. Apg 2,1–39

Im Rahmen einer Gebetsversammlung ereignete sich das, was wir als Pfingstgeschehen bezeichnen. Die ganze Gemeinde der ersten Christen in Jerusalem wurde vom Geist Gottes ergriffen. Sie lobte Gott für sein großen Taten, die er durch und an Jesus gewirkt hatte, und legte Zeugnis dafür ab, daß Gott durch den Glauben an Jesus Christus alle Menschen retten will. Und dieses Zeugnis hatte in Jerusalem Erfolg. Es bewirkte bei Menschen aus vielen Völkern Glauben und schuf so die Grundlage für die Sammlung aller Völker zum einen Volk Gottes in der Kirche Jesu Christi. So erweist sich der Geist Gottes als die Kraft, die das Volk Gottes, die Kirche, lebendig macht, sie zur Mission befähigt und ihrer Verkündigung Erfolg verleiht. Gott schafft sich durch den Geist Gottes eine neue Menschheit.
Bist du ein lebendiges Glied der Kirche? Treibt dich der Geist Christi, auch dein Leben in den Dienst Gottes zu stellen?

Gib deinen Knechten die Kraft, mit allem Freimut dein Wort zu verkünden (Apg 4,23–31).

32

Kehrt um,
und jeder von euch lasse sich
auf den Namen Jesu Christi taufen
zur Vergebung seiner Sünden;
dann werdet ihr
die Gabe des Heiligen Geistes
empfangen. Apg 2,38

Durch die Taufe im Namen Jesu wird allen, die an das Evangelium glauben und bereit sind, ihr Leben danach auszurichten, die Gabe des Heiligen Geistes geschenkt. Die christliche Taufe ist so Wasser- und Geisttaufe zugleich. Jeder Getaufte ist auf dem Grund seines Wesens ein neuer Mensch, denn er trägt die Kraft des Geistes Gottes in sich, der Jesu Leben bestimmte.

Auch in dir lebt dieser Heilige Geist. Öffne dich seinem Einfluß, laß ihn in dir wirken. Glaube daran, daß du durch diese Kraft als Jünger Christi zu leben vermagst.

Die Apostel legten ihnen die Hände auf, und sie empfingen den Heiligen Geist (Apg 8,14–17).
Auch auf die Heiden wurde die Gabe des Heiligen Geistes ausgegossen (Apg 10,34–48).
Der Heilige Geist kam auf sie herab, und sie redeten in Zungen (Apg 19,1–7).
Wir wurden auf den Tod Christi getauft, damit wir als neue Menschen leben (Röm 6,3–11).
Empfangt den Heiligen Geist! Wem ihr die Sünden vergebt, dem sind sie vergeben (Joh 20,19–23).

33

Wißt ihr nicht, daß ihr Gottes Tempel seid und der Geist Gottes in euch wohnt? 1 Kor 3,16f

Der lebendige Gott selbst ist durch seinen Heiligen Geist in jedem Christen gegenwärtig. Wer diese Gegenwart Gottes ernst nimmt, kann nicht einfach gedankenlos dahinleben wie Menschen, die von Gott nichts wissen oder nichts mehr wissen wollen. Er darf vielmehr voll Freude ja sagen zu sich und zu seinem Leben, weil Gott in unendlicher Liebe zu ihm ja gesagt hat. Und er wird mit großer Ehrfurcht und Verantwortung sein Leben führen als einen heiligen Dienst vor Gottes Angesicht. Denn er weiß, daß Gott ihm nicht fern ist, sondern in der Tiefe seines Herzens lebt, ihn führt und ihm Freude am Glauben und am Beten schenkt.
Versuche daher, die Gemeinschaft mit dem in dir lebenden Geist Gottes bewußt zu pflegen.

Wißt ihr nicht, daß euer Leib ein Tempel des Heiligen Geistes ist? Verherrlicht Gott in eurem Leib! (1 Kor 6,19–20).
Wir sind der Tempel des lebendigen Gottes (2 Kor 6,16–18).

34

**Ihr habt den Geist empfangen,
der euch zu Söhnen macht,
den Geist, in dem wir rufen:
Abba, Vater!** Röm 8,14–17

Der Geist Gottes bewirkt, daß wir Menschen in eine neue Beziehung zu Gott eintreten dürfen, in das Verhältnis der Kindschaft. Nicht als strenger Richter und Herr, sondern als liebender, sorgender Vater begegnet Gott allen Getauften. Er schenkt ihnen zugleich die Gewißheit, daß er sie unbedingt liebt, und vermittelt ihnen so Vertrauen, Zuversicht, Freude, Friede. Diese Grundhaltungen sollen daher auch unser Leben bestimmen. Gott will keine unmündigen Kinder, sondern mündige Söhne und Töchter, die aus der Kraft des neu geschenkten Vertrauens heraus ihr Leben freudig wagen.
Welche Grundhaltungen prägen dein Verhältnis zu Gott?

Gott sandte den Geist seines Sohnes in unser Herz (Gal 3,26 bis 4,7).
Die Liebe Gottes ist ausgegossen in unsere Herzen durch den Heiligen Geist, der uns gegeben ist (Röm 5,1–11).
Euer Vater weiß, was ihr braucht, noch ehe ihr ihn bittet (Mt 6,7–13).
Wenn ihr betet, so sprecht: Vater! (Lk 11,2–12).

35

Ist Gott für uns, wer ist dann gegen uns? Röm 8,31–39

Durch den Geist Gottes wird der Bund zwischen Gott und Mensch zur beglückenden Lebensgemeinschaft. Denn Gottes Liebe ist nicht kleinlich, wankelmütig, launisch, sondern mächtig, fest und treu. Er wirkt im Herzen eines jeden Getauften, in seinem innersten Personkern, leitet ihn zum Guten an, führt ihn, schenkt ihm Sehnsucht nach voller Gemeinschaft mit Gott und die Gewißheit, daß diese Gemeinschaft reift und sich vollenden wird. Wer ahnt, was Liebe ist, kann ermessen, was sich zwischen Gott und einem begnadeten Menschen vollzieht.
Bist du bereit, dich von Gottes Geist prägen, führen und verwandeln zu lassen, und bittest du Gottes Geist darum?

Der Herr ist Geist, und wo der Geist des Herrn wirkt, da ist Freiheit (2 Kor 3,2–18).
Wenn jemand in Christus ist, dann ist er eine neue Schöpfung (2 Kor 5,14–21).

Leitwort der 6. Woche

**Bringt euch selbst als lebendiges,
heiliges Opfer dar,
das Gott gefällt;
das ist für euch der wahre
und angemessene Gottesdienst.
Gleicht euch nicht dieser Welt an,
sondern wandelt euch
und erneuert euer Denken,
damit ihr erkennen könnt,
was der Wille Gottes ist!** Röm 12,1f

Durch den Geist Gottes gewinnt das Leben des Christen einen ungeheuren Wert. Es wird zu einem heiligen Dienst vor Gott. Um Gott würdig dienen zu können, bedarf es aber einer grundlegenden Wandlung. Der Getaufte muß sich frei machen von einer trägen und feigen Anpassung an die öffentliche Meinung und an den allgemeinen Lebensstil. Er muß sein Leben ausrichten an den Werten und den Zielen Gottes. Vorbild und Maß dieses Wandlungs- und Reifungsprozesses ist Jesus Christus.
Wo die Bereitschaft zu einer ernsthaften Änderung fehlt, bleibt das Leben eines Getauften ein Kompromiß, der weder Gott noch ihn selbst zufriedenstellen kann.

36

**Laßt euch vom Geist (Gottes) leiten.
Dann werdet ihr das Begehren des Fleisches nicht erfüllen.
Denn das Begehren des Fleisches richtet sich gegen den Geist, das Begehren des Geistes aber gegen das Fleisch.
Alle, die zu Christus Jesus gehören, haben das Fleisch und damit ihre Leidenschaften und Begierden gekreuzigt.** Gal 5,13–25

Der Geist Gottes schenkt uns Christen nicht eine unanfechtbare Vollkommenheit, sondern er befähigt uns, zu kämpfen und zu siegen. Solange die alte Weltordnung noch fortdauert, werden Geist Gottes und Geist dieser Welt miteinander im Kampf liegen. Gottes Geist und Christi Wort decken auf, was gegen Gottes Ordnung und Willen ist, und sie rufen uns Christen dazu auf, entsprechend dem Vorbild Jesu Christi zu leben. Zugleich schenken sie uns die Kraft, gegen den bösen Geist, seine Macht und sein Wollen zu bestehen und zu siegen.
Wer sich ernsthaft für Gott entschieden hat, muß bereit sein, ein Leben lang entschlossen gegen den Einfluß all dessen zu kämpfen, was dem Willen Gottes widerstreitet.

Ihr sollt euch als Menschen begreifen, die tot sind für die Sünde, aber für Gott leben in Christus Jesus (Röm 6,11–23).
Alle, die sich vom Geist Gottes leiten lassen, sind Söhne Gottes (Röm 8,1–14).
Müht euch mit Furcht und Zittern um euer Heil; denn Gott ist es, der in euch das Wollen und das Vollbringen bewirkt (Phil 2,12–18).
Werdet stark durch die Kraft und Macht des Herrn! (Eph 6,10–18).

37

In Jesus Christus kommt es darauf an, den Glauben zu haben, der in der Liebe wirksam ist. Gal 5,6

Es gibt einen Maßstab, an dem gemessen werden kann, ob wir uns wirklich vom Geist Gottes leiten lassen, das Hauptgebot der Liebe. Im Galaterbrief zählt Paulus einige Haltungen auf, an denen sich zeigt, ob der Geist Gottes unser Leben bestimmt (Gal 5,22f.). Es fällt auf, daß auch Grundstimmungen darunter sind wie Friede und Freude. Demnach kann man „die Früchte des Geistes" nicht einfach schaffen wollen, sondern sie wachsen aus dem Lebensprinzip der Kraft Gottes hervor, wenn wir bewußt daraus zu leben versuchen.

Auf keinen Fall ist der Geist Gottes dort am Wirken, wo wir unsere Mitmenschen ablehnen, abwerten oder hassen.

Die Frucht des Geistes aber ist Liebe, Freude, Friede (Gal 5,19–23).
Liebt eure Feinde ... damit ihr Söhne eures Vaters werdet! (Mt 5,43–48).
Seid barmherzig, weil auch euer Vater barmherzig ist! (Lk 6,27–36).
Ahmt Gott nach als seine geliebten Kinder und liebt einander! (Eph 4,22 – 5,1).
Ihr seid von Gott geliebt; darum bekleidet euch mit Güte, Demut, Geduld (Kol 3,1–17).

38

**Und wenn ich alle Glaubenskraft besäße
und Berge damit versetzen könnte,
hätte aber die Liebe nicht, wäre ich nichts.**

1 Kor 13

Es ist ein großes Mißverständnis zu meinen, ein Leben aus der Kraft des Geistes Gottes entfremde uns unserer Umwelt und mache uns zu weltfremden Übermenschen. Im Gegenteil, erst durch das Wirken des Geistes Gottes werden wir zu wirklichen Menschen, die sich selbst, den Mitmenschen und die Welt voll bejahen und lieben können, weil Gott uns bejaht. Das Hohelied der Liebe zeigt, wie der Geist Gottes uns für unsere Mitmenschen aufschließt, zu edlem Menschsein befähigt und erzieht und so liebenswert und selbstlos macht. Daß ein religiöser Eiferer wie Paulus dieses Loblied auf die Liebe zu schreiben vermochte, zeigt, was der Geist Gottes auch aus uns machen kann und will.
Hast du dich dem Wirken der Liebe Gottes in dir ohne Vorbehalt geöffnet?

Deinen Nächsten sollst du lieben wie dich selbst! (Lk 10,25–37)
Jetzt müssen wir uns freuen, denn dein Bruder lebt wieder (Lk 15,25–32)
Wer von euch ohne Sünde ist, werfe als erster einen Stein (Joh 7,53 – 8,11).

39

**Laßt nicht nach in eurem Eifer,
laßt euch vom Geist entflammen
und dient dem Herrn!
Seid fröhlich in der Hoffnung,
geduldig in der Bedrängnis,
beharrlich im Gebet!** Röm 12,9–21

Freudiger Eifer für das Reich Gottes, Freude am Gebet, die Bereitschaft, auch Belastungen und Prüfungen tapfer zu ertragen, sind ebenfalls Wirkungen des Geistes Gottes. Wer opferscheu ist, Belästigungen verschiedenster Art nach Möglichkeit ausweicht, bei Leiden und Heimsuchungen klagt und den Mut rasch verliert, der hat die Kraft des Geistes Gottes in sich nicht zur Geltung kommen lassen. Wichtig ist daher, durch beharrliches Gebet um den Geist Gottes die Kraft der Gnade in uns zur Entfaltung zu bringen.

Wird auch unser äußerer Mensch aufgerieben, der innere wird Tag für Tag erneuert (2 Kor 4, 8–18).
Meine Gnade genügt dir; denn sie erweist ihre Kraft in der Schwachheit (2 Kor 12, 7–10).

40

**Christus will ich erkennen
und die Macht seiner Auferstehung
durch die Gemeinschaft mit seinem Leiden.**

Phil 3,7–21

Durch den Geist Gottes sind wir mit Christus nicht nur schicksalhaft verbunden, sondern wir sind ihm auch innerlich nachgestaltet. Christsein heißt daher nicht nur, dem Vorbild Christi nachzueifern, sondern auch, die Gestalt Christi in sich auszuprägen, ihm ähnlich zu werden in Gesinnung und Verhalten. Die Kraft, die dieses bewirkt, ist Gottes Geist, den der Apostel Paulus auch den Geist Christi nennt. Als Kinder Gottes haben wir Christus, den erstgeborenen Sohn Gottes, zum Bruder. Die Christusliebe ist daher zugleich ein Maßstab für das Leben aus dem Geist Gottes.
Hast du die Sehnsucht und die Bereitschaft, dich vom Geist Gottes verwandeln zu lassen nach dem Vorbild Christi? Bittest du auch darum?

Von der Liebe geleitet, wollen wir uns an die Wahrheit halten und in allem wachsen, bis wir ihn erreicht haben, Christus, das Haupt (Eph 4,7–16).
Seid so gesinnt, wie es das Leben in Christus Jesus erfordert! (Phil 2,5–11).
Ihr habt Christus Jesus als Herrn angenommen; darum lebt auch in ihm! (Kol 2,1–7).

41

Freut euch im Herrn zu jeder Zeit.
Sorgt euch um nichts,
sondern bringt in jeder Lage
betend und flehend eure Bitten
mit Dank vor Gott.
Und der Friede Gottes,
der alles Verstehen übersteigt,
wird eure Herzen und eure Gedanken
in der Gemeinschaft mit Christus Jesus
bewahren. Phil 4,4–7

Aus der Gewißheit der Liebe Gottes, die der Geist Gottes schenkt, erwächst zuletzt eine Sorglosigkeit und Gelassenheit, die freudig alle Dinge zu meistern vermag. Gott ist treu; er ist erfinderisch in seiner Liebe; er wird unseren Weg gut leiten. Die Erfahrung des inneren Friedens gehört daher wesenhaft zum Dasein eines echten Christen. Dieser Friede ist keine vordergründige Zufriedenheit; er hat auch nichts mit falscher Bescheidenheit und Selbstbescheidung zu tun. Er ist vielmehr die von Gott geschenkte Gewißheit, daß unser Leben in Gottes guten Händen wunderbar geborgen ist.
Hast du dein Leben ganz in die Hände Gottes gelegt? Bist du bereit, dich ihm ohne Vorbehalt anzuvertrauen? Hast du dich frei gemacht von allem Mißtrauen Gott gegenüber?

Ob wir leben oder sterben, wir gehören dem Herrn (Röm 14,7–9.17–18).
Christus ist unser Friede (Eph 2,11–22).
Für mich ist Christus das Leben, und Sterben Gewinn (Phil 1,18–26).

42

Kein Auge hat gesehen und kein Ohr hat gehört, und keinem Menschen ist in den Sinn gekommen, wie Großes Gott denen bereitet hat, die ihn lieben. Uns hat es Gott enthüllt durch den Geist ... Denn keiner erkennt Gott, nur der Geist Gottes. 1 Kor 2,1–16

Allein Gott kann letztlich die Sehnsucht des Menschen nach Leben, nach Glück, nach Liebe, nach Ewigkeit erfüllen. Alle Erfahrungen menschlicher Begegnung, Freundschaft und Liebe sind letztlich Vorahnungen und zugleich Einübung in die letzte, alles entscheidende Begegnung mit dem lebendigen Gott. Der Geist Gottes vermittelt dem, in dem dieser Geist lebt, eine gnadenhaft geschenkte Einsicht in das Wesen Gottes, das das Neue Testament als Menschenfreundlichkeit, als Güte und Liebe bezeugt. Die freie Zuwendung Gottes, die Gewißheit seiner Liebe, sie machen den höchsten Wert, den tiefsten Sinn, das entscheidende Glück unseres Lebens aus. Und durch den Geist Gottes wissen wir zugleich, daß diese Gemeinschaft der Liebe sich noch entfalten und reifen wird, wenn wir auf Gottes Du hin leben, auch über den Tod hinaus.
Bist auch du bereit, dich ganz an die Liebe Gottes hinzugeben und ihm aus ganzer Seele zu dienen?

Wir rühmen uns unserer Hoffnung auf die Herrlichkeit Gottes (Röm 5,1–11).
Wir wissen, daß Gott bei denen, die ihn lieben, alles zum Guten führt (Röm 8,18–30).
Wir haben die Liebe, die Gott zu uns hat, erkannt und gläubig angenommen (1 Joh 4,7–18).

Leitwort der 7. Woche

Denn wie der Leib eine Einheit ist,
doch viele Glieder hat,
alle Glieder des Leibes aber
einen einzigen Leib bilden,
so ist es auch mit Christus.
Durch den einen
Geist wurden wir in der Taufe
alle zu einem einzigen Leib ...
und alle wurden
mit dem einen Geist getränkt. 1 Kor 12,12–27

Alle, die den Geist Gottes empfangen, sind durch ihn mit Christus und untereinander zu einer Einheit verbunden, die vom auferstandenen Herrn her belebt und geleitet wird. Jeder einzelne Christ erhält in der Gemeinschaft des neuen Volkes Gottes eine besondere Aufgabe und wird dazu gnadenhaft befähigt. Paulus stellt diese neue Einheit unter dem Bild des menschlichen Leibes dar, der aus vielen Gliedern besteht und durch deren Zusammenwirken lebt. Nur dann, wenn alle Christen zusammenwirken, ist ein fruchtbares Zusammenleben und ein sinnvolles Handeln der Kirche Christi möglich.
Auch dir wurde eine besondere Aufgabe zugeteilt, für die du eine eigene Befähigung erhieltest, dein Charisma, deine Gnadengabe.

43

**Es gibt verschiedene Gnadengaben,
aber nur den einen Geist;
es gibt verschiedene Dienste,
aber nur den einen Herrn;
es gibt verschiedene Kräfte, die wirken,
aber nur den einen Gott.
Er bewirkt alles in allem.
Jedem aber wird
die Offenbarung des Geistes geschenkt,
damit sie anderen nützt.** 1 Kor 12,4–11

Jeder Christ ist zum Dienst am Volk Gottes, zum Dienst in der Kirche berufen. Darum ist es nötig, daß jeder Christ sich bewußt einfügt in die Gemeinschaft der Glaubenden und zugleich darüber nachdenkt, welche Befähigung und Aufgabe ihm von Gott her dort zugemessen ist, wo er steht. Ohne das bewußte Mitleben mit einer Gemeinde oder einer Gruppe in der Kirche können wir nicht im Vollsinne Christen sein. Der Kirche als ganze ist der Heilige Geist verliehen; als Glied der Kirche hat dir Gott seine Gnade geschenkt. Das Leben als Christ ist keine Privatangelegenheit.
Hast du schon erkannt, welche Fähigkeiten der Geist Gottes dir schenkte für einen Dienst in der Kirche? Bist du bereit, Mitverantwortung für das Leben der Kirche zu übernehmen?

Wir haben unterschiedliche Gaben, je nach der uns verliehenen Gnade (Röm 12,3–8).
Jeder von uns empfing die Gnade in dem Maß, wie Christus sie ihm geschenkt hat (Eph 4,1–16).

44

**Wir haben unterschiedliche Gaben,
je nach der uns verliehenen Gnade.
Hat einer die Gabe prophetischer Rede,
dann rede er in Übereinstimmung
mit dem Glauben.
Hat einer die Gabe des Dienstes,
dann diene er.
Wer Barmherzigkeit übt,
der tue es freudig!** Röm 12,4–8

Der Apostel Paulus zählt im Brief an die Römer einige dieser Gaben auf. Manche haben außerordentlichen Charakter wie die Prophetengabe, andere beziehen sich auf den Alltag der christlichen Gemeinde oder auf das Leben in dieser Welt. Entscheidend ist, daß jeder seine besondere Befähigung erkennt und dementsprechend eine Aufgabe in der Gemeinde oder dort, wo er steht, übernimmt. So wie Christus sich für das Wohl und Heil aller eingesetzt hat, so sollen wir uns in unserer Umgebung für andere einsetzen.
Bete darum, damit du erkennst, wo du für Gott und die Kirche dich sinnvoll einsetzen oder wo du Dienste für andere im Geist Christi übernehmen kannst.

Seid allen Menschen gegenüber auf Gutes bedacht (Röm 12,9–21).
Der eine und gleiche Geist teilt jedem seine besondere Gabe zu (1 Kor 12,4–11).
Alles, was ihr in Worten und Werken tut, geschehe im Namen Jesu, des Herrn! (Kol 3,12–17).
Dient einander als gute Verwalter der vielfältigen Gnade Gottes (1 Petr 4,10f).

45

Gott hat in der Kirche die einen als Apostel eingesetzt, die andern als Propheten, die dritten als Lehrer; ferner verlieh er die Kraft, Wunder zu tun, sodann die Gaben, zu heilen, zu helfen, zu leiten, endlich die verschiedenen Arten von Zungenrede. 1 Kor 12,28–30

Der Apostel Paulus setzt voraus, daß es in all seinen Gemeinden Propheten, Zungenredner, Lehrer, Leiter der Gemeinden, Christen mit Heilungsgaben und Beauftragte für die Hilfsbedürftigen gibt. Diese Gemeinden sind lebendige Gemeinschaften, in denen jeder Christ Mitverantwortung für das Leben der Gemeinde trägt. Nach den Aposteln sind zuerst genannt Propheten und Lehrer. Die Lehrer waren verantwortlich für den Taufunterricht und die Unterweisung und Fortbildung im Glauben. Sie kannten sich besonders gut in der Heiligen Schrift des Alten Testamentes und in der Glaubensüberlieferung aus. Die Propheten waren Christen, die sahen, was für die Gemeinde wichtig war, die fähig waren, die jeweilige Situation zu beurteilen und das rechte Wort der Mahnung, der aufbauenden Kritik, der Aufmunterung zu sagen.
Auch heute muß sich jeder Christ mitverantwortlich wissen für die Gruppe und die Gemeinde, zu denen er gehört, für die Kirche, ja für die gesamte Christenheit. Er muß wissen, worauf es in diesen Bereichen ankommt, und nach Kräften seinen Beitrag leisten.

Wir, die vielen, bilden einen Leib in Christus; als einzelne aber sind wir Glieder, die zueinander gehören (Röm 12, 3–6).
Ihr seid auf das Fundament der Apostel und Propheten gebaut! (Eph 2, 19–22).
Bemüht euch, die Einheit des Geistes zu wahren! (Eph 4, 1–16).

46

Strebt nach den Geistesgaben, vor allem nach der prophetischen Rede!

1 Kor 14,1–25

Unter den Geistesgaben nennt Paulus auch die sog. Glossolalie, das Zungenreden, das Beten im Geist. Er wertet es nicht ab, doch stellt er fest, daß es für das Glaubensleben einer christlichen Gruppe oder Gemeinde nicht entscheidend ist. Denn es ist eine Gabe für den einzelnen Christen. Näherhin stellt es eine Form geistergriffenen Betens und des Lobpreises Gottes dar. Wer diese Gabe empfangen hat, soll sie mit Dank benützen. Er soll sich damit aber nicht wichtig machen oder sich als besonders begnadet vorkommen gegenüber anderen Christen. Bei den Gebetszusammenkünften einer Gruppe oder einer Gemeinde soll die Glossolalie daher nur zurückhaltend zur Geltung kommen und auch nur dann, wenn gedeutet werden kann, was der Beter im Geist auszudrücken versucht. Entscheidend ist in jedem Fall, daß eine Gebetsgruppe oder eine Gemeinde im Glauben, in der Liebe und in der Bereitschaft zur Nachfolge Christi und zum Dienst an anderen wächst.

Löscht den Geist nicht aus; verachtet prophetisches Reden nicht! (1 Thess 5,16–22).
Vor der Gemeinde will ich lieber fünf Worte mit Verstand reden, um auch andere zu unterweisen, als zehntausend Worte in Zungen stammeln (1 Kor 14,19).
Die Liebe hält alles zusammen und macht es vollkommen ... Belehrt und ermahnt einander in aller Weisheit (Kol 3,12–17).

47

In der Gemeinde von Antiochia gab es Propheten und Lehrer ... Während sie zu Ehren des Herrn Gottesdienst hielten und fasteten, sprach der Heilige Geist: Wählt mir Barnabas und Saulus zu dem Werk aus, zu dem ich sie mir berufen habe. Da beteten sie und legten ihnen die Hände auf.

Apg 13,1–5

Der Text berichtet von der Aussendung des Paulus und Barnabas zur Mission durch die Gemeinde in Antiochia. Durch die Handauflegung in Verbindung mit Gebet erfleht die Gemeinde für sie eine besondere Begnadung durch den Heiligen Geist.
Du kannst auf ähnliche Weise die Gebetsgemeinschaft, der du zugehörst, oder Christen mit lebendigem Glauben bitten, über dich zu beten um die besondere Erfahrung des Heiligen Geistes, und dir die Hände aufzulegen. Manche, vor allem protestantische Gruppen, bezeichnen diesen Vorgang als Voraussetzung für die „Geisttaufe". Da aber der Heilige Geist durch Taufe und Firmung sakramental verliehen wird, ist diese Bezeichnung unzutreffend. Besser läßt sich dieses Geschehen umschreiben als Geistmitteilung durch Handauflegung und Fürbitte anderer Christen. Als Christen aber dürfen wir diese Möglichkeit, die Kraft des Heiligen Geistes in besonderer Weise zu erfahren, nicht geringschätzen. Auch du kannst sie mehrfach erbitten.

Hananias legte Saulus die Hände auf und sagte: Du sollst wieder sehen und mit dem Heiligen Geist erfüllt werden (Apg 9,10–18).
Als sie gebetet hatten, wurden alle mit dem Heiligen Geist erfüllt (Apg 4,23–31).

48

Wenn ihr zusammenkommt,
trägt jeder etwas bei:
einer einen Psalm, ein anderer eine Lehre,
der dritte eine Offenbarung;
einer redet in Zungen, ein anderer deutet es.
Alles geschehe so, daß es aufbaut. 1 Kor 14,26–33

Die Versammlung einer Gemeinschaft von Christen zum Beten, Lehren und zur Feier des Gottesdienstes ist nach der Erfahrung der ersten Christen der Ort, wo die verschiedenen Gnadengaben der einzelnen Christen sich vor allem auswirken sollen. Jeder soll dazu etwas beitragen, damit die Gegenwart Gottes erfahren, Gott gelobt und geehrt, der Glauben gestärkt wird, Hilfe erbeten werden kann.
Da die Gottesdienste der großen Pfarrgemeinden heute solche schöpferische Mitfeier in der Regel nicht zulassen, bedarf es daneben eigener Wortgottesdienste, wo die Heilige Schrift gelesen, der Glaube bekannt, persönlich gebetet und die Freude des Christseins erfahren werden kann.
Nimm daher, wenn möglich, neben dem allgemeinen Gottesdienst am Leben eines Bibelkreises oder einer Gebetsgruppe regelmäßig teil. Versuche aber auch in deinem persönlichen Lebenskreis, wo immer dies möglich ist, persönlich oder mit anderen zu beten und Gott zu loben.

Singt und jubelt aus vollem Herzen zum Lob des Herrn! (Eph 5,18–20).
Laßt in eurer Mitte Psalmen, Hymnen und Lieder erklingen, wie der Geist sie eingibt (Kol 3,16–17).
Laßt uns Gott allezeit das Opfer des Lobes darbringen (Hebr 13,15).

49

Freut euch zu jeder Zeit.
Betet, ohne nachzulassen.
Dankt für alles;
denn das will Gott von euch,
die ihr Christus Jesus gehört.
Meidet das Böse in jeder Gestalt! 1 Thess 5,16–24

Freue dich darüber, daß Gott dir die Möglichkeit zu einem neuen Leben geschenkt und dich zu seinem Sohn, zu seiner Tochter erwählt hat. Die Gemeinschaft mit dem lebendigen Gott ist das Größte und Wichtigste, was es für uns Menschen gibt. Gib dich und dein Leben vertrauensvoll in die Hand Gottes. Bekenne deine Bereitschaft, beharrlich und entschlossen dein Leben nach dem Willen Gottes auszurichten. Bitte Gott um die Gnade der Beharrlichkeit. Und nimm dir zu Herzen, was Paulus an die erste Gemeinde, die er in Europa gegründet hat, schrieb. Alles ist darin enthalten, was künftig für dich wichtig ist.

Ja, ich komme, um deinen Willen, Gott, zu tun (Hebr 10,5–10).
Laßt uns alle Last und die Fesseln der Sünde abwerfen und mit Ausdauer in dem Wettkampf laufen, der uns bestimmt ist, im Aufblick zu dem Urheber und Vollender des Glaubens, Jesus! (Hebr. 11,1 – 12,3).
Ich stehe vor der Tür und klopfe an. Wer meine Stimme hört und die Tür öffnet, bei dem werde ich eintreten, und wir werden Mahl halten (Offb 3,20–22: vgl. 3,7–8).

Zweiter Lesezyklus

Beten im Geist Gottes

Einführung:
Vom Wesen des christlichen Betens

1. Beten – Sprechen mit Gott

Die Anlage zum Sprechen und damit auch zum Beten gehört zu den Wesenseigenschaften des Menschen. Als sprachfähige Geschöpfe und als Ebenbilder Gottes ruft Gott uns Menschen an und fordert uns zur Antwort heraus.

Seinem Wesen nach ist Beten ein Sprechen mit Gott. Christliches Beten setzt Gottes Selbsterschließung in der Geschichte, seine Offenbarung, voraus und ist Antwort auf Gottes Wort. Dieses Wort begegnet uns im Zeugnis der Bibel, vor allem in den Worten und im Handeln Jesu, dem Sohn Gottes, aber auch im Leben der Kirche und im Lebenszeugnis gläubiger Menschen.

Christliches Beten vollzieht sich in der Kirche in Verbindung mit dem auferstandenen Sohn Gottes, Jesus Christus. Der Christ steht durch die Taufe zu Gott im Verhältnis der Kindschaft. Als Bruder und Schwester Jesu darf er zu Gott Vater sagen und sich Gottes Sorge ganz anvertrauen.

Gottes Geist hilft uns Christen, zu Gott voll Vertrauen und Liebe zu beten und Gott zu danken und zu loben. Im Gebet erfahren wir Christen durch Gottes Geist Trost, Nähe, Geborgenheit, Kraft, Frieden, Freude und Hilfe.

Das Gebet im Geist Gottes ist daher der elementarste Lebensvorgang im Dasein eines Christen.

2. Jesus, der große Lehrer des Gebetes

Jesus war nicht nur ein großer Beter, er ist auch als der geliebte Sohn Gottes das entscheidende Vorbild und der bedeutendste Lehrer rechten Gebetes. Er lehrt und

ermächtigt, zu Gott Vater zu sagen und in allen Anliegen wie ein Kind voll Vertrauen zum Vater zu gehen. Er fordert dazu auf, persönlich, ehrlich, schlicht und knapp, dankbar, gehorsam und versöhnungsbereit zu beten und das eigene Wollen und Bitten unterzuordnen dem Heilswillen Gottes. Das Vaterunser ist die Grundordnung allen christlichen Betens.
Jesus selbst hat sein Leben aus dem Gebet heraus gewagt und in der Kraft des Gebetes vollzogen. Er erkennt dem Gebet große und wunderbare Möglichkeiten zu. Darum sollen auch wir Christen aus der Kraft des Gebetes heraus unser Leben vollziehen.

3. Schwierigkeiten beim Gebet

Eine Fehlhaltung der Gegenwart ist es, nur dann zu beten, wenn man seelisch dazu aufgelegt ist. Gebet ist eine Grundäußerung des menschlichen Lebens und bedarf der festen Ordnung und des regelmäßigen Vollzugs. Echtes Beten muß sich frei machen vom Nützlichkeitsdenken, das nur um Vorteile und die Abwehr von Nachteilen bittet. Die Gemeinschaft mit Gott übertrifft allen Nutzen bei weitem und hat ihren Sinn in sich selbst.
Gebet im Geist Jesu muß sich auch frei halten von egoistischen Wünschen, vom Rache- und Vergeltungsdenken, von der Flucht vor Not, Krankheit und Leid. Im Gebet wächst der Mensch in Glaube, Hoffnung und Liebe und wird fähig, in der Kraft Gottes alles gut zu bestehen, was ihm begegnet.
Das letzte Ziel allen Betens ist die Einigung mit Gottes Willen und Heilsführung.

4. Weiterführende Möglichkeiten

Das persönliche Gebet bedarf der tragenden und inspirierenden Kraft der Gemeinschaft der Kirche. Daher ist es grundlegend wichtig, die *Liturgie der Kirche* freudig mitzu-

feiern. Sehr wertvoll ist daneben die Teilnahme an einem *Gebetskreis*, vor allem, wenn er biblisch geprägt ist.
Der Vertiefung dient auch die Teilnahme an Exerzitien, Einkehrtagen, *geistlichen Veranstaltungen.*
Vor allem aber gilt es, bei großen Betern in die Schule zu gehen durch das Studium des Lebens bedeutsamer Heiliger und durch die Benützung wertvoller Gebetbücher.
Hier sei hingewiesen auf eine kleine Auswahl neuerer, im Buchhandel z. Z. erhältlicher Literatur:

Lindenberg, W.: Die Menschheit betet. München 1966.
Zink, J.: Wie wir beten können. Stuttgart 1970.
Hilsdale, P.: Gebete aus den Paulusbriefen. 5. Auflage, Luzern – München 1972.
Die schönsten Gebete der Welt. Zusammengestelt von Ch. Einiger. 5. Auflage, München 1973.
Puzik, E.: Kleine Schule des inneren Betens. 3. Auflage, Einsiedeln – Köln 1975.
Voillaume, R.: Betendes Dasein im Geiste Foucaulds. Einsiedeln – Köln 1976.
Nigg, W.: Gebet der Christenheit. Brockhaus-Taschenbücher 299, Wuppertal 1980.
Sudbrack, J.: Beten ist menschlich. Aus der Erfahrung unsres Lebens mit Gott sprechen. Freiburg i. Br. 1981.
Kleine Philokalie. Belehrungen der Mönchsväter der Ostkirche über das Gebet. 2. Auflage, Zürich – Köln 1981.

Leitwort der 1. Woche

**Jesus betete einmal an einem Ort;
und als er das Gebet beendet hatte,
sagte einer seiner Jünger zu ihm:
Herr, lehre uns beten,
wie schon Johannes seine Jünger
beten gelehrt hat.** Lk 11,1

Im Unterschied zum Tier können wir Menschen denken, auswählen, lachen, weinen, sprechen und beten. Wir können durch das Wort aus uns heraustreten, mit anderen Beziehungen aufnehmen, uns selbst und die Welt begreifen lernen. Wir können uns aussprechen in Liebe oder Haß, können jubeln, singen, loben und danken.

Gott hat uns Menschen auf sich hin geschaffen und hat uns dazu bestimmt, ihn zu erkennen, auf seinen Anruf zu antworten, in Ehrfurcht, Dankbarkeit und Liebe mit ihm zu sprechen. Darum gehört die Fähigkeit und die Sehnsucht zu beten zu unseren Wesenseigenschaften.

Aber Beten muß wie das Sprechen gelernt und geübt werden, soll es auf eine Weise vollzogen werden, die der Würde Gottes entspricht und uns Menschen zugleich beschenkt, befreit, hilft und fördert.

Gott hat uns dazu einen unvergleichlichen Meister des Gebetes geschenkt: Jesus von Nazaret. Bei ihm und seinen Jüngern wollen wir daher in die Schule gehen, auf ihr Beispiel achten und nach ihren Weisungen handeln. Wie die ersten Jünger Jesu wollen wir bitten: „Herr, lehre uns beten!"

1. Woche: Herr, lehre uns beten

1

Während Jesus betete,
öffnete sich der Himmel
und der Heilige Geist kam
sichtbar in Gestalt einer Taube
auf ihn herab, und eine Stimme sprach:
Du bist mein geliebter Sohn. Lk 3,21f

Es ist die Sehnsucht eines jeden Beters, zu Gott vorzudringen, seine Nähe zu erfahren und bei Gott verweilen zu dürfen. Ohne Gottes Bereitwilligkeit, sich von uns finden zu lassen, vermögen wir dies nicht. Weil Jesus der geliebte Sohn Gottes ist, darum öffnet sich ihm der Himmel, wenn er betet, wird Gott zugänglich, öffnet er ihm sein Herz.
Wer also Gott finden, mit seinem Gebet das Herz Gottes erreichen will, muß sich durch Glaube und Taufe Jesus anschließen und sich mit seinem Gebet vereinen. Das ist auch der Grund, weshalb die Kirche von ihren Anfängen an durch, mit und in Christus zu Gott betet.

Niemand kommt zum Vater außer durch mich (Joh 14,5–11).
Ich und der Vater sind eins (Joh 10,24–38).
Auf dich hin, hast du uns erschaffen, o Gott; darum ist unser Herz voll Unruhe (und Sehnsucht), bis es Ruhe findet in dir (Augustinus).

2

**Amen, amen, ich sage euch:
Ihr werdet den Himmel geöffnet
und die Engel Gottes auf- und niedersteigen
sehen über dem Menschensohn.** Joh 1,35–51

Durch das Zeugnis Johannes' des Täufers finden einige seiner Jünger zu Jesus und erkennen in ihm den verheißenen Messias. Nur Natanael, der im Schatten eines Feigenbaumes (wohl) die messianischen Verheißungen des Alten Testaments daraufhin prüft, ob sie auf Jesus von Nazaret hinweisen, hat zunächst seine Einwände. Ihm aber und allen seinen Freunden und Gefährten verkündet Jesus, daß er mehr als ein begnadeter Mensch ist, der Israel Freiheit und Größe schenken soll. In ihm ist der Ort, wo Gott uns Menschen begegnen und sich von uns finden lassen will. Das will das großartige Bild von der Treppe in den Himmel und den auf- und absteigenden Engeln sagen: In der Person Jesu ist Gott selbst in unserer Mitte anwesend, er ist das Tor zum Himmel, der Weg zu Gott.

Hier ist das Tor des Himmels (Gen 28,10–22).
Niemand kennt den Vater, nur der Sohn (Mt 11,25–27).
Wer mich gesehen hat, hat den Vater gesehen (Joh 14,4–11).

3

Jesus nahm den Petrus, den Johannes
und den Jakobus beiseite
und stieg mit ihnen auf einen Berg,
um zu beten.
Und während er betete,
veränderte sich das Aussehen seines Gesichtes,
und sein Gewand wurde leuchtend weiß.

Lk 9,28–36

Jesus liebt es, in der Einsamkeit auf Höhen zu beten. Nur selten nimmt er dabei Jünger mit sich. Beim Beten verwandelt sich seine äußere Erscheinung, sein wahres Wesen tritt hervor. Er ist als der geliebte Sohn der Offenbarer Gottes.
Wer sich Jesus anschließt, wer auf das Wort Gottes achtet, wer mit Jesus und zu ihm betet, der wird etwas von der Herrlichkeit Gottes erfahren und von der Freude, bei Jesus sein zu dürfen. „Herr, es ist gut, bei dir zu sein!"

Ich sehe den Menschensohn zur Rechten Gottes stehen (Apg 7,55–60).
Wir waren Augenzeugen seiner Größe (2 Petr 1,16–19).
Mein Herr und mein Gott! (Joh 20,27–29).

4

In der Frühe, als es noch dunkel war,
stand er auf
und ging in eine einsame Gegend,
um zu beten. Mk 1,32–39

Jesus beginnt sein öffentliches Wirken durch die Teilnahme am Sabbatgottesdienst in der Synagoge zu Kafarnaum und mit Gebet. Er handelt aus dem Gebet heraus. Die Evangelien berichten an vielen Stellen, daß Jesus sich am Abend oder in der Frühe zurückzieht, um in der Stille zu beten, seinen Weg zu überdenken und aus der Begegnung mit seinem Vater Kraft zu schöpfen für sein Werk.
Wer Jesu Schüler sein und von ihm lernen will, auf erfüllte Weise zu leben, muß dem Beispiel Jesu folgen und aus dem Gebet heraus sein Leben vollziehen.

Nachdem Jesus die Leute verabschiedet hatte, ging er auf den Berg, um zu beten (Mk 6,46).
Jesus zog sich in die Einsamkeit zurück, um zu beten (Lk 5,15f; vgl. Lk 9,18).

5

Jesus ging auf einen Berg ...
und verbrachte die ganze Nacht
im Gebet zu Gott.
Als es Tag wurde,
rief er seine Jünger zu sich
und wählte aus ihnen zwölf aus;
sie nannte er auch Apostel. Lk 6,12–16

Aus dem Gebet heraus trifft Jesus seine Wahl, wer als Mitarbeiter sein Werk verantwortlich mitgestalten und später weiterführen soll.
Aus dem Gebet heraus sollen auch wir alle wichtigen Entscheidungen unseres Lebens fällen. In Gottes Hand liegt letztlich unser Geschick. Ihm gilt es sich anzuvertrauen. Aus der Gemeinschaft mit ihm sollen und können wir unser Leben wagen. Wer wie Jesus und mit Jesus betet, der öffnet sein Leben dem Walten der Liebe Gottes.

Simon, ich habe für dich gebetet (Lk 22,31f).
Ich bitte nicht nur für sie, sondern für alle, die durch ihr Wort an mich glauben (Joh 17,6–26).

6

Jesus warf sich auf die Erde nieder und betete.

Mk 14,32–42

In der Stunde der größten Not, als Jesus gewiß war, daß sein Volk ihn töten würde, wußte er nichts Besseres zu tun, als zu beten. Er rang mit Gott um den Sinn und das Schicksal seiner Sendung, und er kämpfte sich zugleich dazu durch, sein Geschick aus Gottes Hand anzunehmen. Aus dem Gebet gewann er die Kraft, sich dem Schandtod zu stellen, und die Zuversicht, daß Gott seine Sendung auch durch seinen Tod hindurch zum Gelingen führen würde. Und mit Gebetsworten aus den Psalmen ging er in den Tod.
Seit der Auferstehung Christi wissen wir, daß Gott dieses Scheitern in einen Sieg verwandelte, das Gebet Jesu also wunderbar erhörte.
Wann immer uns Leid, Not, Böses und Unheil treffen, haben wir seither die Möglichkeit, mit Gott um einen guten Ausgang zu ringen und ihm vertrauensvoll unser Leben und unsere Aufgaben in die Hand zu legen, im Wissen darum, daß Gott alles zum Guten führen wird.

Vergleiche die Berichte der Evangelien vom Gebetsringen Jesu im Ölgarten miteinander und beachte das, was der einzelne Evangelist hervorhebt (Mk 14,32–42; Mt 26,36–46; Lk 22,39–46). Suche in den Passionsberichten der vier Evangelisten nach den Gebetsworten Jesu am Kreuz, und bestimme ihre Herkunft aus dem Alten Testament.

7

**Ich preise dich, Vater,
Herr des Himmels und der Erde,
weil du all das
den Weisen und Klugen verborgen,
den Unmündigen aber offenbart hast.**

Mt 11,25–27

Jesus preist das Walten Gottes, seinen Heilsplan, sich gerade den Menschen zu offenbaren, die weder durch Herkunft und soziale Stellung noch durch Bildung und religiöses Verhalten dazu bevorrechtigt waren. Gerade sie aber waren offen für Gottes Wollen und Handeln.
Christliches Beten setzt das Wissen um Gottes Offenbarung voraus. Es erwächst aus dem Hören auf Gottes Wort, aus dem Meditieren der Heiligen Schrift, aus der Nachfolge Christi. Es ist Antwort auf Gottes Selbsterschließung. Christliches Beten ist daher wesentlich Bekenntnis, Dank und Lobpreis in der Gemeinschaft mit Jesus Christus, dem Offenbarer Gottes. Das Lob Gottes bildet insofern den Höhepunkt allen Betens. Gott zu loben ist darum die höchste und letzte Aufgabe eines jeden Menschen.

Gepriesen sei Gott, der Vater unseres Herrn Jesus Christus (Eph 1,3–14).
Dem König der Könige und Herrn der Herren ... sei Ehre und ewige Macht (1 Tim 6,15f).
Heilig, heilig, heilig ist der Herr, der Gott, der Herrscher über die ganze Schöpfung (Offb 4,8).
Amen, Lob und Herrlichkeit unserem Gott in Ewigkeit (Offb 11,17–18).
Halleluja, denn König geworden ist der Herr, unser Gott (Offb 19,1–7).

Leitwort zur 2. Woche

**Ich preise dich, Vater,
Herr des Himmels und der Erde,
weil du ... all das den Unmündigen
offenbart hast.** Lk 10,21f

Das Beten Jesu ist bestimmt von seiner einzigartigen Beziehung zu Gott, zu dem er als der geliebte, einzige Sohn in familiärer Vertraulichkeit „Abba", d.h. lieber Vater, sagt. Aus dieser innigen Gemeinschaft des gegenseitigen Sich-Verstehens und der unbedingten Liebe heraus vollzieht Jesus sein Leben.
Jesus weiß sich gesandt zu verkünden, daß Gott sich als Vater nun allen Menschen in Liebe zuwenden und sie befreien und retten will. Und er verfügt über die Vollmacht, diese Liebe auf vielfältige Weise den Menschen zugänglich zu machen. Wer Jesu Botschaft glaubt und ihm sich als Jünger anschließt, der darf zusammen mit Jesus zu Gott Vater sagen und als geliebtes Kind dieses Vaters fortan leben. Das ist Gottes großes Geschenk an uns, daß wir mit Jesus zusammen diese Vaterliebe erfahren und aus dieser Liebe heraus voll Vertrauen beten und leben dürfen.

8

Wußtet ihr nicht, daß ich im Haus meines Vaters sein muß?

Lk 2,41–52

Mit 13 Jahren wurde ein junger Jude bewußt in die Gemeinschaft der verantwortlichen Vollmitglieder des Volkes Israel aufgenommen. Dies geschah, wenn möglich, im Tempelbereich, wo man den betreffenden Jungen einem Schriftgelehrten vorstellte, der ihn zeichenhaft in das Studium der Tora, d.h. des Gesetzes des Mose, einführte.
Bei der Wallfahrt seiner Eltern nach Jerusalem bekundet der junge Jesus zum erstenmal öffentlich, daß er in einem besonderen Verhältnis zu Gott steht. Gott ist sein Vater in einem Sinn, der sowohl das übliche religiöse Verhältnis des frommen Juden zu Gott wie auch die Sohnesbeziehung Jesu zu seinen irdischen Eltern entschieden übersteigt. In dieser einzigartigen Sohnesbeziehung zu Gott liegt Jesu Vollmacht begründet. Sie auch bestimmt seine Frömmigkeit und sein Leben.
Wenn Christen beten, dürfen sie mit und durch Jesus zu Gott Vater sagen.

Wenn ich mich selbst ehre, so gilt meine Ehre nichts. Mein Vater ist es, der mich ehrt, er, von dem ihr sagt: Er ist unser Gott (Joh 8,51–59).
Ich und der Vater sind eins (Joh 10,22–30).

9

Ihr sollt niemand auf Erden euren Vater nennen; denn nur einer ist euer Vater, der im Himmel. Mt 23,9–10

Zwar gibt es bereits im Alten Testament Aussagen, daß Gott sich wie ein Vater um sein Volk und die Frommen sorgt (vgl. Dtn 32,6; 2 Sam 7,14; Ps 89,27; Weish 2,16; Sir 23,1; Jer 31,9; Mal 1,6), aber sie sind selten und beziehen sich nicht auf das Verhältnis des einzelnen Israeliten zu Gott. Die Grundhaltung gegenüber Gott im Alten Bund ist die (Ehr-)Furcht. Jesus aber verkündet, daß Gott sich jedem Menschen wie ein Vater in Liebe zuwenden und für sein Heil Sorge tragen will. Wer sich Jesus anschließt, darf wie Jesus sich ganz auf Gottes Liebe und Treue verlassen und zu ihm „Abba", „lieber Vater" sagen. Abba ist ein aramäisches Wort, das im Familienbereich gebraucht wurde und die Liebe und das Vertrauen des Kindes zu seinem Vater ausdrückt. Die Urkirche hat dieses Kernwort der Botschaft und der Frömmigkeit Jesu festgehalten, weil darin das Neue, das Jesus in die Welt brachte, auf unüberbietbare Weise ausgedrückt wird. Daß wir zu Gott Vater sagen und auf seine Liebe unbedingt vertrauen dürfen, ist ein freies Geschenk der Liebe Gottes. Darum sollten wir dies immer voll Ehrfurcht und mit großem Vertrauen tun.

Ich will euer Vater sein, und ihr sollt meine Söhne und Töchter sein, spricht der Herr, der Herrscher über die ganze Schöpfung (2 Kor 6,16–18).
Ihr seid alle durch den Glauben Söhne Gottes in Christus Jesus (Gal 3,26 – 4,7).
Ihr habt den Geist empfangen, der euch zu Söhnen macht, den Geist, in dem wir rufen: Abba, lieber Vater (Röm 8,14–17).

10

Um wieviel mehr wird euer Vater im Himmel denen Gutes geben, die ihn bitten!

Mt 7,7–11; vgl. Lk 11,9–13

Es ist undenkbar, daß gute Eltern ihren Kindern nicht all das geben und zukommen lassen, was sie wirklich brauchen. Noch viel undenkbarer ist, daß Gott, der gute Vater derer, die sich an ihn wenden, ihnen nicht hilft in ihren Nöten. Jesus versichert uns, daß wir Gottes Vaterliebe unbedingt vertrauen können, und fordert dazu auf, uns Gott ganz anzuvertrauen und ihm all unsere Sorgen vorzutragen.
Wer Gott nichts oder nur wenig zutraut, wird auch nur wenig von seiner Liebe und Treue erfahren.

Ich sage euch, er wird seinem Freund geben, was er braucht (Lk 11,5–8).
Sollte Gott seinen Auserwählten nicht zu ihrem Recht verhelfen? (Lk 18,1–8).
(Diese beiden Gleichnisse fordern zu vertrauensvollem und beharrlichem, nicht aber zu zudringlichem Beten auf. Bei ihrer Auslegung gilt es zu beachten, daß beide Gleichnisse nach der Regel der Überbietung gestaltet sind: Wenn schon der Mensch diese Bitten nicht abschlagen kann, auch nicht unter ungünstigen Umständen, um wieviel mehr wird dann Gott die menschlichen Bitten erhören!)

11

Macht euch keine Sorgen! Euer himmlischer Vater weiß, daß ihr all das braucht.

Mt 6,25–33; vgl. Lk 12,6f.22–32

Gott, der Vater, ist der Schöpfer und Herr der Welt. In seiner Hand liegen daher letztlich die Geschicke aller Geschöpfe. Er sorgt sich um das Wohlergehen auch der Tiere, selbst der Raben und Spatzen, er kümmert sich um die Schönheit der Schöpfung. Auch an die kleinen Feldblumen („Lilien") hat er gedacht. In besonderer Weise sorgt er sich um uns Menschen. Selbst die bösen Menschen dürfen sich an den Gütern dieser Welt freuen! Wie sollte da Gott um das Wohl jedes einzelnen Menschen nicht von Herzen besorgt sein? Bevor wir Menschen mit unseren Bitten zu Gott kommen, denkt er bereits an uns und hat daher ein offenes Ohr für unsere Nöte. Darum darf und soll unser Gebet aus dem großen Vertrauen hervorkommen, daß Gott uns helfen will und daß wir seiner Antwort gewiß sein dürfen.

Gott läßt seine Sonne aufgehen über Bösen und Guten, und er läßt regnen über Gerechte und Ungerechte (Mt 5,45; Lk 6,35).
Jede gute Gabe und jedes vollkommene Geschenk kommt von oben, vom Vater der Gestirne (Jak 1,17).
Wir wissen, daß Gott bei denen, die ihn lieben, alles zum Guten führt. Wenn Gott für uns ist, wer ist dann gegen uns? (Röm 8,28–39).

12

**Ich will zu meinem Vater gehen
und zu ihm sagen:
Vater, ich habe mich gegen dich versündigt.
Ich bin nicht mehr wert, dein Sohn zu sein.**

Lk 15,11–32

Das Gleichnis vom verlorenen Sohn zeigt auf bewegende Weise, daß Gott keinen Menschen verstößt oder aus seiner Liebe ausschließt. Er hat Mitgefühl mit uns, gerade auch dann, wenn wir in Not und Schuld geraten sind; er wünscht, daß wir umkehren; er wartet auf uns und ist voll Liebe bereit, uns zu verzeihen und uns wieder als seine Kinder anzunehmen. Gottes Liebe zu uns ist unbedingt und göttlich großzügig, ganz im Unterschied zu unserem oft so selbstgerechten, unbrüderlichen, mitleidlosen Verhalten gegenüber unseren Mitmenschen.
Darum sollten wir gerade dann, wenn wir in Sünde leben oder schuldig geworden sind, zu Gott gehen, ihn um seine Hilfe und um Vergebung bitten. Wer zu Gott heimkehrt, der erfährt die Vaterliebe Gottes auf überraschende Weise neu.

Im Himmel wird mehr Freude herrschen über einen einzigen Sünder, der umkehrt, als über neunundneunzig Gerechte (Lk 15,1–10).
Der Herr hatte Mitleid mit dem Diener, ließ ihn gehen und schenkte ihm die Schuld (Mt 18,23–35).
Euer himmlischer Vater will nicht, daß einer von diesen Kleinen verlorengeht (Mt 18,12–14).

13

Wenn ihr betet, sprecht: Vater, dein Name werde geheiligt; dein Reich komme.

Lk 11,2; vgl. Mt 6,9–10

Man hat mit Recht das Vaterunser die Zusammenfassung der ganzen Verkündigung Jesu, des Evangeliums, genannt. Alles, was Jesus wichtig war und was uns Christen daher wichtig sein muß, ist in diesem Gebet enthalten.

Der erste Teil dieses Gebetes, dessen ursprüngliche Form wohl bei Lukas zu finden ist, bittet um das Kommen des Reiches, die Aufrichtung der Herrschaft Gottes in dieser unvollkommenen, vom Bösen durchherrschten, dem Tod verfallenen Welt. Gott heiligt seinen Namen dadurch, daß er die Herrschaft über alle Bereiche der Welt endgültig ergreift und so die Schöpfung und die Menschengeschichte vollendet. Aber Gott wird dies in Liebe und Sorge um uns Menschen, nicht als Richter tun, weil er unser Vater ist. Seine Vaterliebe umgreift die ganze Schöpfung und alles Tun der Menschen. Seine Vaterliebe ist die Garantie dafür, daß er alles zum Guten führen wird.

Darum will Jesus, daß wir alles in Gottes Hände legen, unser Wirken und unsere Hoffnungen, daß wir uns Gottes Pläne zu eigen machen und aus dem Vertrauen in Gottes Treue heraus unser Leben wagen.

Euch muß es zuerst um das Reich Gottes gehen, dann wird euch alles andere dazugegeben (Mt 6,33; vgl. Lk 12,31).
Meine Speise ist es, den Willen dessen zu tun, der mich gesandt hat, und sein Werk zu Ende zu führen (Joh 4,32–34).
Er, der auf dem Thron saß, sprach: Seht, ich mache alles neu (Offb 21,1–6).

14

**Gib uns heute das Brot, das wir brauchen.
Und erlaß uns unsere Schulden, wie auch wir sie unseren Schuldnern erlassen haben.
Und führe uns nicht in Versuchung.**

Mt 6,11–13a; Lk 11,4

Der zweite Teil des Vaterunsers, dessen ursprüngliche Fassung wahrscheinlich wie oben gelautet hat, bittet um Hilfe in den wichtigsten Nöten des Menschen in dieser Welt: um den Lebensunterhalt, um die Bewahrung vor dem Bösen und um Vergebung unserer Sünden und unserer Schuld. Das Wortspiel: unsere Schulden – unsere Schuldner faßt den Begriff Schuld bewußt weit und verweist auf das Gleichnis von den zwei Schuldnern, Mt 18,23–35. Dort wird gesagt, daß der unendlich vergebungsbereite Gott erwartet, daß wir als begnadete Sünder auch unseren Schuldnern ebenso großzügig wie er selbst vergeben. Von dieser immer neu geübten Vergebung hängt die Erhörungsbereitschaft Gottes ab.
Unser himmlischer Vater lädt uns ein, mit all unseren leiblichen und seelischen Nöten zu ihm zu kommen, und versichert uns seiner Treue und Hilfsbereitschaft. Er erwartet aber zugleich, daß wir uns in unserer Lebensführung als seine Kinder erweisen, indem wir sein Verhalten nachahmen.

Hättest nicht auch du mit jenem, der gemeinsam mit dir in meinem Dienst steht, Erbarmen haben müssen, so wie ich mit dir Erbarmen hatte? (Mt 18,23–35).
Seid barmherzig, wie es auch euer Vater ist (Lk 6,36).
Gepriesen sei der Gott und Vater unseres Herrn Jesus Christus, der Vater des Erbarmens und der Gott allen Trostes. Er tröstet uns in all unserer Not, damit auch wir die Kraft haben, alle zu trösten, die in Not sind (2 Kor 1,3–7).

Leitwort der 3. Woche

Wenn ihr betet, macht es nicht wie die Heuchler.
Denn sie stellen sich beim Gebet
gern in die Synagogen und an die Straßenecken,
damit sie von den Leuten gesehen werden.
Du aber ... bete zu deinem Vater,
der im Verborgenen ist. Mt 6,5–8

Jesus ist nicht nur der große Meister und das unübertreffliche Vorbild des Betens, er lehrt uns auch, wie wir richtig beten sollen. Die Texte dieser Woche sprechen von den Bedingungen, die Jesus für ein gutes Gebet für erforderlich hält. Denn das Beten im Geist Jesu beachtet, wer Gott ist, und nimmt Rücksicht auf sein Wesen und seinen Willen. Es ist ein Beten, das aus lauterem Herzen kommt, nicht auf egoistische Vorteile und Vorhaben zielt und auch von keinerlei menschlichen Nebenabsichten vergiftet ist. Beten heißt: nur Gott suchen und ihm aufrichtig sagen, was uns bewegt.

Die Hinweise Jesu auf das rechte Beten sind knapp und klar. Wir dürfen dafür dankbar sein, daß uns Jesus gezeigt hat, was Beten heißt. Der beste Dank besteht darin, daß wir die Weisungen Jesu bei unserem Beten beachten.

15

Alles, worum ihr betet und bittet – glaubt nur, daß ihr es schon erhalten habt, dann wird es euch zuteil.

Mk 11,23–24; vgl. Mt 17,20; 21,22

Das Bittgebet ist ein Ausdruck unseres Vertrauens zu Gott. Beten heißt sich und seine Sorgen Gott anvertrauen und im Vertrauen zu Gott wachsen. Jesus fordert zu unbedingtem Vertrauen in den Vater-Gott auf. Nicht ohne Grund auch sagt er zu denen, die sich an ihn um Hilfe wenden: „Dein Glaube hat dir geholfen" oder „Dir soll geschehen, wie du geglaubt hast" oder „Was du willst, soll dir geschehen" (vgl. Mt 8,13; 9,22; 15,28; Lk 7,50).
Es ist daher auch für unser Beten wichtig, daß wir mit vollem Vertrauen Gott unsere Nöte und Wünsche vortragen und zugleich überzeugt sind, daß er uns auf die bestmögliche Weise erhören wird. Wer nur mit geringem Vertrauen betet, darf sich nicht wundern, wenn er nur wenig erhält.
Die Bitte der Jünger an Jesus: „Stärke unseren Glauben" sollten auch wir uns daher vor allem anderen zu eigen machen.

Alles kann, wer glaubt (Mk 9,22–24).
Wer bittet, soll voll Glauben bitten und nicht zweifeln (Jak 1,6–8).
Stärke unseren Glauben (Lk 17,5).
Ich glaube, hilf meinem Unglauben (Mk 9,24).

16

Wenn ihr betet, sollt ihr nicht viele Worte machen. Mt 6,7f

Gott weiß, was uns drückt, bevor wir den Mund auftun. Es ist daher nicht nötig, viele Worte zu machen. Gott meint es gut mit uns, wir brauchen deshalb nicht zu versuchen, ihn durch wohlgesetzte Worte für unsere Sache zu gewinnen. Gott hat ein Herz, wir sollten daher versuchen, mit ihm persönlich zu reden. So wie wir dies mit den Menschen tun, die uns nahestehen. Daher wünscht Jesus, daß wir aufrichtig, knapp und offen Gott unsere Bitten vortragen und uns von allen Versuchen freihalten, durch viele Worte auf Gott Eindruck zu machen oder ihn in unserem Sinn zu nötigen. Ein gutes Beispiel für solches Beten sind die Gebete Jesu, vor allem das Vaterunser.
Das bedeutet jedoch nicht, daß Gebete nicht auch lang sein oder in eine schöne gedankliche und sprachliche Form gefaßt sein dürfen. Jesus will lediglich, daß unser Gebet ehrlich und persönlich ist, also einen Ausdruck unser selbst darstellt. Mechanisches Aufsagen langer Gebete ist daher ebenso zu vermeiden wie das ausschließliche Beten mit Hilfe vorgeprägter Formeln. Jesus hat uns keine Gebetsformeln vorgeschrieben, auch das Vaterunser ist nur als Modell für unser Beten zu verstehen; er will vielmehr, daß wir wirklich mit eigenen Worten, ganz persönlich, mit und zu Gott sprechen.

Vater, alles ist dir möglich (Mk 14,36).
Der Zöllner betete: Gott, sei mir Sünder gnädig (Lk 18,9–14).
Sie verrichten in ihrer Scheinheiligkeit lange Gebete (Lk 20,45–47).

17

Wenn ihr beten wollt
und ihr habt einem anderen etwas vorzuwerfen,
dann vergebt ihm,
damit auch euer Vater im Himmel
euch eure Verfehlungen vergibt.

Mk 11,25; vgl. Mt 6,14f

Immer wieder betont Jesus, daß unser Beten nur dann bei Gott auf Wohlwollen stößt, wenn wir im Frieden mit unseren Mitmenschen leben. Darum fordert Jesus dazu auf, zuerst zu verzeihen und sich um Versöhnung zu bemühen, bevor wir vor Gottes Angesicht treten und beten. Und so wichtig ist ihm diese Forderung, daß er sie auch in das Vaterunser aufnahm.
Es liegt nicht immer in unserer Macht, den Frieden herzustellen; dann aber müssen wir alles tun, um von unserer Seite aus die Voraussetzungen für die Versöhnung zu schaffen. Wir sind aber angehalten, dafür zu bitten, daß Gott in den Herzen aller Beteiligten die Bereitschaft zum Frieden und zur Versöhnung bewirkt. Wir können mit Gott, dem guten Vater aller Menschen, nur dann in Frieden leben, wenn auch wir im Frieden mit unseren Mitmenschen leben.

Laß die Gabe vor dem Altar liegen, und versöhne dich zuerst mit deinem Bruder (Mt 5,23).
Bekennt einander eure Sünden und betet füreinander, damit ihr geheilt werdet (Jak 5,16).

18

**Der Zöllner wagte nicht,
seine Augen zum Himmel zu erheben,
sondern schlug sich an die Brust und betete:
Gott, sei mir Sünder gnädig!** Lk 18,9–14

In der Beispielgeschichte vom Pharisäer und vom Zöllner zeigt Jesus, daß unser Gebet demütig und ehrlich sein muß, soll es vor Gott bestehen können. Wer sich besser vorkommt als andere, wer Gott vorrechnet, was er eigentlich von Gott für seine Verdienste zu erwarten hat, wer das Gebet dazu benützt, allein seine Stellung, sein Verhalten, sein Recht, seine Ziele zu fördern oder sich selbst vor Gott zu rechtfertigen, der darf nicht mit einer Antwort zu seinen Gunsten rechnen. Jesus bestreitet die großen Leistungen der Pharisäer nicht. Dennoch stellt er fest, daß „jener nicht gerechtfertigt nach Hause ging", d.h. keinen Segen, keine Gnade von Gott erfuhr. Im Gegenteil, seine Selbstherrlichkeit und seine Lieblosigkeit wurden ihm zum Gericht. Die ehrliche Bitte des Zöllners aber wurde großzügig erhört.
Gott schaut auf unser Herz und unsere heimlichen Gedanken und Absichten, wenn wir zu ihm beten. Davon hängt seine Antwort ab. Wer nicht erhört wird, sollte daher immer fragen, aus welchen Motiven heraus sein Gebet erfolgte.

Macht das Haus meines Vaters nicht zu einer Markthalle (Joh 2,13–17; vgl. Mk 11,15–17).
Ihr bittet, und empfangt doch nichts, weil ihr in böser Absicht bittet (Jak 4,1–10).

19

Was sagt ihr zu mir Herr! Herr!, und tut nicht, was ich sage?

Lk 6,46; vgl. Mt 7,21–23

Ehrliches Gebet setzt voraus, daß wir nicht nur zu Gott kommen, wenn wir ihn brauchen, sondern daß wir unser ganzes Leben nach dem Willen Gotttes ausrichten. Und vor allem dann, wenn wir von Gott Hilfe erwarten.

Unser Gebet kann Gott nur dann wirklich wohlgefällig sein, wenn wir das Hauptgebot Jesu zum Grundgesetz unseres Lebens machen. Sonst wird unser Gebet zu einem Lippenbekenntnis, zur Heuchelei.

Das Wichtigste im Gesetz laßt ihr aus: Gerechtigkeit, Barmherzigkeit und Treue (Mt 23,23–24).
Er antwortete ihnen: Ich kenne euch nicht! (Mt 25,1–13).
Fangt nicht an zu sagen: Wir haben ja Abraham zum Vater (Lk 3,7–14).
Mir geschehe, wie du es gesagt hast (Lk 1,38).
Dein Wille geschehe auf der Erde so, wie (er) im Himmel (geschieht) (Mt 6,10).

20

**Einer von ihnen aber kehrte um,
als er sah, daß er geheilt war;
und er pries Gott mit lauter Stimme.** Lk 17,11–19

Wenn auch Jesus immer wieder zum Bittgebet aufmuntert und im Vaterunser zeigt, um was wir vor allem bitten sollen, setzt er doch voraus, daß wir dort, wo wir von Gott Hilfe erfahren haben, den Dank nicht vergessen. Und ebenso selbstverständlich ist es für ihn, daß wir Gott loben und preisen für all das Große und Schöne, das er uns in seiner Schöpfung schenkt. Er wird nicht müde, auf den Vater hinzuweisen, der die Welt so gut und schön geschaffen und geordnet hat. Und er preist darüber hinaus seinen Vater für sein erlösendes und rettendes Handeln an uns Menschen. Darum sollen auch wir über allem, was sich uns an Bitten auf die Lippen drängt, das Preisen, Loben und Danken Gottes nicht vergessen. Denn im Lob Gottes findet unser Gebet seine höchste Ausdrucksform.

Seht euch die Vögel an! Lernt von den Lilien, die auf dem Felde wachsen (Mt 6,25–32).
Ich preise dich, Vater, Herr des Himmels und der Erde! (Lk 10,21f).
Meine Seele preist die Größe des Herrn! (Lk 1,46–55).
Gepriesen sei der Herr, der Gott Israels (Lk 1,68–79; vgl. 1,25).
Verherrlicht ist Gott in der Höhe! (Lk 2,14).
Meine Augen haben das Heil gesehen (Lk 2,29–32).

21

**Vater, alles ist dir möglich ...
Aber nicht, was ich will,
sondern was du willst,
soll geschehen!** Mk 14,36

Wir alle machen die Erfahrung, die auch Jesus machte, daß Gott unsere Bitten nicht immer so erhört, wie wir das wünschen und erhoffen. Wie Jesus sollen wir dabei nicht verzagen, sondern dennoch unbedingt darauf vertrauen, daß Gott sich wie ein guter Vater um unsere Anliegen annehmen und sie zum Guten führen wird. Darum sollten wir auch wie Jesus unser Gebet mit der Anrufung beginnen: „Abba, lieber Vater" und daraus die Gewißheit schöpfen, daß Gott sich als liebender Vater erweisen wird. Hat sich der Tod Jesu zuletzt nicht als wirklich heilvolles Geschehen für uns Menschen erwiesen?

Seid voll Freude, meine Brüder, wenn ihr in mancherlei Versuchungen geratet! (Jak 1,2).
Auch Christus hat für euch gelitten und euch ein Beispiel gegeben, damit ihr seinen Spuren folgt (1 Petr 2,21).
Wer mein Jünger sein will, der nehme sein Kreuz auf sich und folge mir nach! (Mk 8, 34–37).
Wenn das Weizenkorn stirbt, bringt es reiche Frucht (Joh 12,20–26).
Vater, verherrliche deinen Namen! (Joh 12,27–28).

Leitwort der 4. Woche

**Wacht und betet allezeit,
damit ihr allem, was geschehen wird,
entrinnen könnt!** Lk 21,36

Obwohl wir Christen in der Gemeinschaft mit Gott leben dürfen, sind wir dem Einfluß der Mächte und Wirklichkeiten unserer sich im Unheil befindlichen Welt nicht entnommen. Auch wir werden betroffen von Leid, Übel, seelischer und leiblicher Not, vom Tod, aber auch von den Versuchungen des Bösen, von Schuld, Verblendung und Sünde. Wir haben daher zu kämpfen, wollen wir vor Gott und unserem Gewissen bestehen. Das aber heißt, an Gott festhalten, sich um Gemeinschaft mit Christus bemühen, gegen das Böse sich bewußt entscheiden. Dies können wir am besten dadurch tun, daß wir beten. Wer betet, bleibt in Verbindung mit Gott. Wer betet, hat die Gabe der Unterscheidung der Geister. Wer betet, gewinnt die Kraft, dem Bösen zu widerstehen. Wer betet, bleibt wach und versteht die Zeichen der Zeit. Wer betet, kann auch am Dunklen und Bösen reifen. Wer betet, ist offen für die Führung Gottes.

22

Wacht und betet,
damit ihr nicht in Versuchung geratet!
Der Geist ist willig,
aber das Fleisch ist schwach.

Mk 14,38; vgl. Lk 22,39.46

Wenn das Gute immer siegen, das Böse aber scheitern würde in dieser Welt, wäre es für uns Menschen leichter, am Guten festzuhalten. Wenn wir innerlich ganz gut wären, könnten wir dem Bösen nicht leichthin verfallen. Wenn Gott alles Unrecht und alle Mißachtung seines Willens sofort und für jeden erkennbar strafen würde, dann könnten Gottlosigkeit und Abfall von Gott nicht um sich greifen wie eine ansteckende Krankheit. Wenn Gott all denen, die in leiblicher oder seelischer Not sich befinden, immer so helfen würde, wie wir Menschen dies erwarten, hätten wir keine Mühe, seiner Liebe immer zu vertrauen. Aber Gott will, daß wir uns aus freier Entscheidung in dieser Welt bewähren und gerade im Dunkel der Not in Glaube, Hoffnung und Liebe wachsen.
Wer sich in jeder Heimsuchung betend an Gott festhält, wird wie Jesus Christus die Kraft gewinnen, jede Not zu bestehen und das Unheil in Heil zu verwandeln.

Obwohl er der Sohn war, hat er durch Leiden den Gehorsam gelernt und ist so zur Vollendung gelangt (Hebr 5,7–10).
Christus hat für euch gelitten und euch ein Beispiel gegeben, damit ihr seinen Spuren folgt (1 Petr 2,19–25).

23

Herr, rette uns, wir gehen zugrunde! Mt 8,23–27; vgl. Mk 4,35–41

Im Leben auch des Christen und der Kirche gibt es Situationen, die ausweglos erscheinen. Auf eine solche Situation verweist die Überlieferung vom Sturm auf dem See. Die ganze Hoffnungslosigkeit der Jünger zeigt sich in ihrem vorwurfsvollen Schrei: „Meister, kümmert es dich nicht, daß wir zugrunde gehen?" (Mk 4,38). Matthäus hat diesen Vorwurf in eine Bitte verwandelt (s. o.). Denn jeder Aufschrei um Hilfe ist letztlich ein Anruf an Gott, seinen bedrohten Geschöpfen beizustehen. Und wie der Text zeigt, beantwortet Jesus Christus den Notschrei seiner Jünger auf wunderbare Weise, erhebt aber auch den Vorwurf: „Warum habt ihr solche Angst, ihr Kleingläubigen?" Wo ist euer Glaube?
Der Glaubende sollte wissen, daß Gott die Seinen nie verläßt. Im Gebet versichert sich der Glaube der Treue Gottes. Ein Sinn von Heimsuchungen und Nöten liegt darin, den Glauben des Menschen herauszufordern, damit er groß werden und heranwachsen kann zum unbedingten Vertrauen auf Gottes Treue.

Gegen alle Hoffnung hat Abraham voll Hoffnung dem Gott geglaubt, der die Toten lebendig macht (Röm 4,13–25).
Wird auch der äußere Mensch aufgerieben, der innere wird täglich neu (2 Kor 4,7–18).
Laßt uns auf Jesus blicken, den Urheber und Vollender des Glaubens (Hebr 12,1–3).
Auf dich, o Gott, habe ich vertraut; ich werde nicht zuschanden in Ewigkeit (Lobgesang: Te Deum).

24

Jesus, denk an mich, wenn du in dein Reich kommst. Lk 23,42

Es ist nie zu spät, sich an Gott zu wenden und ihn um Hilfe zu bitten. Dies zeigt das Schicksal des reumütigen Verbrechers, der mit Jesus gekreuzigt wurde, auf überzeugende Weise. Das, was seinem Leben noch einen letzten Sinn verlieh, war seine schüchterne Bitte: Denk an mich! Vergiß mich nicht!
Jeder, der sich ehrlich an Gott wendet, auch dann, wenn Schuld sein Leben, menschlich gesehen, zerstört hat, darf auf Gottes Barmherzigkeit rechnen. „Heute noch"! Gerade dann, wenn wir schwer schuldig geworden sind, gerade dann, wenn wir voll Angst uns dem Tod gegenübersehen, gerade dann dürfen und müssen wir Gott um sein Erbarmen anrufen. „Denk an mich!" Vergiß mich nicht! Ich habe niemand mehr als dich. Und Gott wird einem jeden von uns in Liebe beistehen. Gerade weil er der liebende, mitfühlende, barmherzige Gott ist.

Er (Stephanus) sah die Herrlichkeit Gottes und Jesus zur Rechten Gottes stehen (Apg 7,55–59).
Wir haben unser Todesurteil hingenommen, weil wir unser Vertrauen auf Gott setzen, der die Toten auferweckt (2 Kor 1,8–11).

25

Sprich nur ein Wort!

Mt 8,5–13; vgl. Lk 7,10; Joh 4,46–53

Der moderne Mensch ist im Falle schwerer Erkrankung seiner selbst oder ihm nahestehender Menschen geneigt, anzunehmen, da, wo die Medizin nicht helfen könne, habe auch das Beten keinen Sinn.
Jesus und die ersten Christen sind hier anderer Meinung. Das Leben eines jeden Menschen steht letztlich in Gottes Hand. Krankheitsabläufe sind keineswegs starre Mechanismen. Über eine gewisse Wahrscheinlichkeit kommt auch der moderne Arzt nicht hinaus. Und wunderbare Heilungen, die es auch heute gibt (s. Lourdes), kann er nur feststellen, nicht erklären.
Hier weiß der, der an Gott glaubt, besser Bescheid. Er weiß, daß das Gebet Unglaubliches vermag, und er ruft deshalb nicht nur den Arzt, sondern zugleich und vor allem auch Gott um seine Hilfe an. Nur wer Gott zutraut, daß er eingreifen kann und wird, wenn er will, auch auf wunderbare Weise, kann Gottes Hilfe erfahren. In jedem Falle aber wird der, der sich vertrauensvoll an Gott wendet, sich in seinem Glauben als bestärkt und von Gottes Liebe getragen erfahren.

Herr, wenn du willst, kannst du machen, daß ich rein werde (Mt 8,1–4).
Sei ohne Furcht, glaube nur (Mk 5,21–43).
Herr, ich habe keinen Menschen, der mich trägt (Joh 5,1–9).
Das Wirken Gottes soll an ihm offenbar werden (Joh 9,1–41).
Im Namen Jesu Christi, geh umher! (Apg 3,1–10).

26

Herr, wenn du es bist, so befiehl, daß ich auf dem Wasser zu dir komme.

Mt 14,22–23

Wer wirklich glaubt, der vermag Ungewöhnliches. Das haben nicht nur die Zeitgenossen und die Jünger Jesu, das haben die Christen zu allen Zeiten auf vielfältige Weise erfahren. Von den außergewöhnlichen Möglichkeiten und Wegen des Glaubenden berichtet die Geschichte vom Seewandel des Petrus. Solange er auf Jesus schaut, trägt das Wasser, als er seine Situation scheinbar realistisch einschätzt, fällt er den „Umständen" zum Opfer.
Jeder, der glaubt, ist aufgefordert, in außergewöhnlichen Umständen sich an den dreifaltigen Gott zu wenden und ihn um Hilfe zu bitten; jeder Glaubende wird auch erfahren, daß oft ungewöhnliche Wege zu Gott und zu einer tieferen Erfahrung des Glaubens führen. Jede Situation kann und soll Weg zu Gott sein.

Für Gott ist nichts unmöglich (Lk 1,37).
Wenn euer Glaube auch nur so groß wie ein Senfkorn wäre, wird euch nichts unmöglich sein (Mt 17,20).

Der Engel spricht: Gehorche!
Dir zu Füßen ist Meer gebreitet.
Du mußt das Wagnis des Petrus wagen.
Ob dich die Wellen wie Hände tragen,
ob der Herr dir entgegenschreitet?
Ich weiß es nicht, und du darfst mich nicht fragen!
(W. Bergengruen)

27

**Nehmt euch in acht,
daß Rausch und Trunkenheit
und die Sorgen des Alltags
euch nicht verwirren.
Wacht und betet allezeit,
damit ihr vor den Menschensohn
hintreten könnt!** Lk 21,34–36

Wer nicht betet, verliert die klare Sicht für die Situation der Welt und des Menschen vor Gott, ist geneigt sich anzupassen, wähnt sich sicher in dieser Welt, oder er flüchtet sich in Rausch und Vergnügen oder geht völlig in seinen irdischen Vorhaben, Zielsetzungen und Sorgen auf, bis ihn dann ein Schicksalsschlag oder der Tod aus seinen Wunschvorstellungen und falschen Lebensentwürfen reißt. Nur wer sich an Gott hält, dessen Verheißungen wie auch sein Gericht ernst nimmt, von Gott her und auf ihn hin urteilt, plant und handelt, der wird sein Leben nicht verspielen oder an falsche Ziele vergeuden.
Ohne Gebet ist eine sinnvolle, zielbewußte Lebensführung für uns Menschen auf die Dauer nicht möglich.

Haltet auch ihr euch bereit, denn der Menschensohn kommt zu einer Stunde, in der ihr es nicht erwartet (Mt 24,43–51; Mk 13,33–37; Lk 12,35–48; vgl. Mt 25,1–13).
Du Narr! Noch in dieser Nacht wird man dein Leben von dir zurückfordern (Lk 12,16–21).

28

Betet allezeit, und laßt darin nicht nach! Lk 18,1–8

Jesus lebte aus der innigen Verbundenheit mit seinem Vater heraus. Und er wies seine Jünger an, ebenso zu leben. Alle wichtigen Entscheidungen traf er im Gebet, vor allen bedeutenden Ereignissen zog er sich ins Gebet zurück, seine letzten Worte waren Worte des Gebetes.
Wer sich als Glaubender bewußt Gott, dem Vater Jesu Christi, als seinem Vater anvertraut und versucht, aus dieser Verbindung heraus zu leben, der kann nicht anders, als sein Leben im immerwährenden Gespräch mit Gott zu vollziehen. Er braucht nicht viele Worte zu machen, wie jene Witwe es bei dem gottlosen Richter nötig hatte, um zu ihrem Recht zu kommen. Gott weiß, was wir nötig haben, bevor wir zu ihm kommen. Aber wir wissen nicht, was für uns wichtig ist. Und wir sind blind und schwach, so daß wir oft den rechten Weg verfehlen. Darum können wir nichts Besseres tun, als wie Jesus aus der ständigen, liebenden Verbundenheit mit Gott heraus unser Leben zu vollziehen.

Vater, in deine Hände lege ich meinen Geist (Lk 23,46).
In Cäsarea lebte ein Mann namens Kornelius … Er war fromm und gottesfürchtig, gab reichlich Almosen und betete beständig zu Gott (Apg 10,1–48).
Die Gemeinde betete inständig für ihn zu Gott (Apg 12,1–17).
Um Mitternacht beteten Paulus und Silas und sangen (Gott) Loblieder (Apg 16,19–25).
Fürchte dich nicht, Paulus, Gott hat dir alle geschenkt, die mit dir fahren (Apg 27,20–24.34–36).

Leitwort der 5. Woche

**Alle wurden mit dem Heiligen Geist erfüllt ...
und begannen,
Gottes große Taten zu verkünden.** Apg 2,1–11

Vor seinem Tod hatte Jesus versprochen, er werde nach seinem Scheiden seinen Jüngern als Beistand und Führer den Heiligen Geist senden. „Der Beistand aber, der Heilige Geist, den der Vater in meinem Namen senden wird, der wird euch alles lehren und euch an alles erinnern, was ich euch gesagt habe" (Joh 14,26). Schon die Propheten des Alten Bundes hatten verheißen, Gott werde im neuen, endgültigen Bund seinen Geist allen Menschen schenken, die offen sind für sein Walten. Dadurch würden die Menschen fähig, Gott zu erkennen und freudig seinen Willen zu tun. „Ich schenke euch ein neues Herz und gebe euch ein Herz von Fleisch. Ich lege meinen Geist in euch hinein und bewirke, daß ihr nach meinen Gesetzen lebt und meine Gebote achtet und erfüllt" (vgl. Jer 31,31–34; Joël 3,1–5). Diese Verheißung erfüllte sich am ersten Pfingstfest nach dem Tod Jesu, als die Anhänger Jesu in Jerusalem beim Gebet versammelt waren. Alle, auch die Frauen und die übrigen Jünger, wurden mit der Kraft des Heiligen Geistes erfüllt und begannen Gott auf innerlich ergriffene Weise zu loben und zu preisen und sein Wirken durch Jesus Christus zu beken nen.

Seither können wir Christen in der Kraft des Heiligen Geistes beten, Gottes Liebe erfahren, freudig aus dieser Kraft leben und für Jesus Christus eintreten. „Durch den Heiligen Geist" sind wir nun mit dem lebendigen Gott innerlich verbunden. Darum ist es wichtig für uns zu erkennen, was Beten im Heiligen Geist heißt.

29

Alle wurden mit dem Heiligen Geist erfüllt und begannen in fremden Sprachen zu reden, wie es der Geist ihnen eingab. Apg 2,1–39

Bei einer Gebetsversammlung der Anhänger Jesu kurz nach dessen Tod in Jerusalem brach zum erstenmal das auf, was die Christen später das Zungenreden, die Glossolalie, nannten, das vom Geist ergriffene freudige Stammeln, Loben, Preisen und Bekennen Gottes. Nach der Aussage der Apostelgeschichte war damit auch ein Sprachenwunder verknüpft, das andeuten sollte, Gott wolle durch das Evangelium alle Völker einigen in der Kirche Jesu Christi. Auf jeden Fall verstand die Urgemeinde in Jerusalem das Aufbrechen der Glossolalie als die Erfüllung der Verheißung, Gott werde in der Endzeit seinen lebenspendenden Geist allen Mitgliedern seines Volkes mitteilen (Joël 3,1–5).
Die Weitergabe dieses Geistes wurde von Gott an die Spendung der Taufe gebunden, wie die Aufforderung des Petrus zu Pfingsten zeigt: „Jeder von euch lasse sich auf den Namen Jesu Christi taufen zur Vergebung seiner Sünden; dann werdet ihr die Gabe des Heiligen Geistes empfangen" (Apg 2,38).
Alle Getauften sind seither fähig, im Geist zu beten, im Geist für Gott und Christus einzutreten und aus der Kraft des Geistes zu leben.

Als sie gebetet hatten, wurden alle mit dem Heiligen Geist erfüllt (Apg 4,23–31).
Keiner kann sagen: Jesus ist der Herr!, wenn er nicht aus dem Heiligen Geist redet (1 Kor 12,3).
Betet jederzeit im Geist! (Eph 6,18f).

30

Singt Gott in eurem Herzen Psalmen,
Hymnen und Lieder,
wie sie der Geist eingibt. Kol 3,16f

Der Geist Gottes schenkt uns eine echte Freude an Gott, an Christus, am Werk der Erlösung, an der Heiligen Schrift, am Beten, am Gottesdienst und am Leben in der Gemeinschaft mit Gott. Diese Freude will sich aussprechen im Wort, im Lied, im geistergriffenen Loben, Danken, Preisen, auch im sog. Zungenreden.
Der Freude an Gott gilt es daher, Raum zu geben im eigenen Leben, dadurch daß wir lernen, persönlich mit Gott zu sprechen, daß wir eigene Gebete und Lieder formulieren, daß wir gute religiöse Gebete und Lieder kennenlernen und uns zu eigen machen, daß wir bewußt an Gott denken, uns über ihn freuen, in seiner Gegenwart leben. Auch daß wir Zeiten der Stille und des Gebetes in unserem Tagesablauf schaffen und Gott durch die Art, wie wir vor seinem Angesicht leben, ehren wollen. Unsere Dumpfheit und Stumpfheit soll aufbrechen und zu einem Lobpreis Gottes werden.

Singt und jubelt aus vollem Herzen zum Lob des Herrn (Eph 5,18–20).
Dem einen weisen Gott sei Ehre durch Jesus Christus in alle Ewigkeit (Röm 16,25–27).
Beachte die Hymnen der Offenbarung des Johannes: 4,8.11; 7,12; 11,15–18; 12,10–12; 15,3f.; 19,1–8.
Siehe auch die Gebete: Magnificat (Lk 1,46–55);
Gloria (Lk 2,14); Nunc dimittis (Lk 2,29–32);
Sanctus (Jes 6,3; Offb 4,8); Te Deum.

5. Woche: Alle wurden mit dem Heiligen Geist erfüllt

31

**Wenn ihr zusammenkommt,
trägt jeder etwas bei:
einer einen Psalm,
ein anderer eine Lehre,
der dritte eine Offenbarung ...
Alles geschehe so, daß es aufbaut.** 1 Kor 14,26–31

Die urchristlichen Gottesdienste, auch die eucharistischen, waren im Unterschied zu unseren heute durch die lebendige Teilnahme aller Christen geprägt, durch freies Gebet, prophetische Aussagen, theologische und katechetische Unterweisungen, durch Zungenreden, durch Lieder und Hymnen, die einzelne vortrugen. So kam es zu einem echten Austausch des Glaubens, zu Glaubensprüfung und Glaubensvertiefung.
Die Kirche bemüht sich heute, der Mitgestaltung der Gottesdienste durch „Laien" mehr Raum zu geben. Doch sollte es neben den offiziellen liturgischen Feiern auch Gebetskreise geben, in denen sich die Charismen der einzelnen Teilnehmer voll entfalten können, damit erfahren werden kann, welcher Reichtum der Glaube durch die Gabe des Geistes in sich birgt.
Das letzte Ziel aller gottesdienstlichen Zusammenkünfte muß sein: Verherrlichung Gottes, Aufbau des Leibes Christi, Erfahrung des neuen Lebens in der Gemeinschaft mit Christus, in der Kraft des Heiligen Geistes.

*Wir haben unterschiedliche Gaben (Röm 12,6–8).
Wir sollen alle zur Einheit im Glauben und zur Erkenntnis des Sohnes Gottes gelangen (Eph 4,7–16).*

32

Als sie zu Ehren des Herrn Gottesdienst feierten … sprach der Heilige Geist: Wählt mir Barnabas und Saulus zu dem Werk aus, zu dem ich sie mir berufen habe. Apg 13,1–3

Die gottesdienstliche Gemeinde ist der Ort, wo sich klärt, was die Kirche soll, wo erfahren wird, was Gott will; sei es durch christliche Prophetie, wie in Antiochia, sei es durch das Hören auf das Wort Gottes, sei es durch das Gebet um Führung durch den Geist Gottes. Im Gottesdienst, durch das Gebet, gewinnt die Kirche auch die Kraft für ihre seelsorgliche und missionarische Aufgabe. Allen Christen, der Kirche als ganzer, ist die Aufgabe übertragen, im Namen Jesu allen Menschen das Heil anzubieten.
Jeder Christ muß daher mithelfen durch seine Bereitschaft, wie auch durch Gebet und Opfer, der missionarischen Aufgabe der Kirche zu dienen. Von der Urgemeinde heißt es: „Alle bildeten eine Gemeinschaft … Sie lobten Gott … Und der Herr fügte täglich ihrer Gemeinschaft die hinzu, die gerettet werden sollten" (Apg 2,43–47). Kann das von unseren Gemeinden, unserer Kirche heute auch gesagt werden?

Gib deinen Knechten die Kraft, mit allem Freimut dein Wort zu verkünden (Apg 4,23–31).
Ich bitte euch, meine Brüder: Steht mir bei und betet für mich zu Gott (Röm 15,30–32).
Betet auch für uns, damit Gott uns eine Tür öffnet für das Wort und wir das Geheimnis Christi predigen können (Kol 4,2–4).

33

**Als ich im Tempel betete,
sagte der Herr zu mir:
Brich auf,
denn ich will dich zu den Heiden senden.**

Apg 22,1–21

Auch der einzelne Christ erfährt meist beim Gebet und durch das Gebet, was Gott ihm zugedacht hat. Nur dort, wo wir uns an Gott wenden mit unserer Heilsunruhe, mit unseren Fragen, mit unseren Bitten, können wir Klarheit gewinnen über unseren Weg. Das gilt vor allem dann, wenn wir spüren, daß Gott uns ganz in seinen Dienst stellen will.
Daneben hat jeder Christ sein besonderes Charisma, seine besondere Aufgabe im Leben (vgl. 1 Kor 7,7). Auch darüber kann er sich endgültig nur im Gebet vergewissern.
Darum sollen wir Gott um Erleuchtung bitten, damit wir erkennen, was er von uns erwartet, uns seiner Führung anvertrauen und die Bereitschaft erklären, daß wir seinem Ruf folgen wollen. Denn nur dann können wir völlig zufrieden und glücklich werden, wenn wir das tun, was Gott uns zugedacht hat.

Der Weg des Paulus (Apg 9,1–29; 22,1–21; 26,2–23; Gal 1,11 – 2,10).
Die Mission des Paulus (Apg 11,21–26; 13,1–5; 16,6–10; 20,17–38).
Der Weg des Äthiopiers (Apg 8,26–40).
Der Weg des Kornelius (Apg 10,1–48).

34

Die Apostel beteten über die sieben Männer und legten ihnen die Hände auf. Apg 6,1–6

Immer wieder ist die Kirche vor wichtige Entscheidungen gestellt, so bei der Einführung neuer Ämter und bei der Entwicklung neuer Strukturen, bei Fragen der Mission, vor allem bei der Aufnahme von Heiden in die Kirche, bei der Verlegung des Mittelpunktes der Kirche von Jerusalem nach Rom. Hier ist sie nicht nur auf das Urteil weitschauender Männer angewiesen, sondern vor allem auf das Gebet, damit sie durch den Heiligen Geist in ihren Entscheidungen richtig geführt wird. Denn der eigentliche Hirt und Führer der Kirche ist Jesus Christus, der auferstandene Herr.
Heute, da die Kirche vor ungeheuer schwierigen Fragen steht, z.B. Wiedervereinigung, Verfolgung in den östlichen Ländern, Säkularisation und Änderung der gesellschaftlichen Ordnung, ist sie auf das Gebet all ihrer Glieder und auf deren Rat und Hilfe angewiesen, um den richtigen Weg zu finden in die Zukunft. Hier liegt daher auch eine wichtige Aufgabe für uns alle, die wir als verantwortliche, mündige Glieder am Leib Christi die Entscheidungen der Kirche mitvorbereiten und mittragen sollen.

Herr, zeige uns, wen du von diesen beiden erwählt hast (Apg 1,15–26).
Die Kirche betete inständig zu Gott für Petrus (Apg 12,1–17).
Die Gemeinde hielt zu Ehren des Herrn Gottesdienst und fastete (Apg 13,1–4).
Der Heilige Geist und wir haben beschlossen (Apg 15,1–35).
Wir sollen unser Vertrauen nicht auf uns selbst setzen, sondern auf Gott, der die Toten auferweckt (2 Kor 1,8–11).
Er, der durch die Macht, die in uns wirkt, unendlich viel mehr tun kann, als wir erbitten oder uns ausdenken können, er werde verherrlicht durch die Kirche (Eph 3,1–21).

35

**Ihr seid hingetreten zum himmlischen Jerusalem,
zu einer festlichen Versammlung
und zur Gemeinschaft der Erstgeborenen,
die im Himmel verzeichnet sind,
zum Mittler eines neuen Bundes.** Hebr 12,18–29

Als Glieder des Volkes des Neuen Bundes nehmen wir Christen teil an der Verherrlichung Gottes durch die ganze Schöpfung und durch alle, die zum Volk Gottes gehört haben und heute gehören. Wir sind eingegliedert in die immerwährende Liturgie, die seit Beginn der Schöpfung vor Gott stattfindet. Wir erfreuen uns zugleich der Fürbitte Christi, der himmlischen Mächte und des ganzen Volkes Gottes. Diese Wahrheit verleiht unserem Beten Sinn, Weite und Größe. Es ist die höchste und sinnvollste Aufgabe der Schöpfung und aller Geschöpfe, Gott zu loben und zu ehren und zugleich für das Heil aller Menschen zu beten.
Diese Aufgabe muß daher auch unser persönliches Beten prägen und über unseren kleinen Lebenskreis hinausheben. Es ist eine Auszeichnung, am Gotteslob der Schöpfung teilnehmen zu dürfen. Darum auch müssen wir uns bewußt und freudig eingliedern in den Gottesdienst der Kirche.

Wir haben einen Hohenpriester, der ein für allemal sich selbst dargebracht hat (Hebr 7,22–8,12; vgl. 13,10–17).
Würdig bist du, Herr und Gott, Herrlichkeit und Ehre und Macht zu empfangen (Offb 4,1 – 5,14; 7,9 – 8,5; 14,1–5; 21,1 – 22,5).

Leitwort der 6. Woche

An jenem Tag werdet ihr erkennen:
Ich bin in meinem Vater,
ihr seid in mir, und ich bin in euch. Joh 14,20

Nicht wenige Beter leiden darunter, daß sie nicht wissen, ob ihr Gebet Gott erreicht, ob Gott überhaupt an ihrem Beten interessiert ist oder ob ihr Gebet gleichsam ins Leere geht und dort sich verliert. Jesus, der Sohn Gottes, verheißt den Seinen vor seinem Tod, die Gemeinschaft mit ihm werde seinen Tod überdauern, ja sie schließe auch all die Menschen ein, die durch das Wort seiner Jünger an ihn glauben. Sie dürften daher nun in seinem Namen, d.h. unter Berufung auf ihn, in Gemeinschaft mit ihm beten. Gott werde auf ihr Gebet hören und es erhören, weil die Freunde Jesu (vgl. Joh 15,9–17) auch von Gott geliebt und angenommen werden. Und er selbst werde sich um sie und ihre Anliegen annehmen, um auf diese Weise sichtbar zu machen, daß Gott alle liebt, die an die Botschaft des Sohnes glauben und sich Gott anvertrauen.
Wer im Namen Jesu betet, darf daher gewiß sein, daß er bei Gott immer ein offenes Ohr für seine Bitten finden wird. Gott will dadurch zeigen, daß er sich in Jesus von Nazaret endgültig geoffenbart hat als der liebende, rettende und helfende Vater aller Menschen.

6. Woche: Alles, um was ihr in meinem Namen bittet

36

Amen, amen, ich sage euch:
Wer an mich glaubt,
wird die Werke, die ich vollbringe,
auch vollbringen,
und er wird noch größere vollbringen.

Joh 14,12–21

Das Beten im Namen Jesu geschieht in der Gemeinschaft mit dem Sohn, der bei Gott, seinem Vater, für die Seinen wirbt, und es geschieht in der Vollmacht des Geistes, den Jesus und der Vater den Glaubenden senden, um ihnen beizustehen. Dadurch gewinnt ihr Gebet eine Vollmacht und Kraft, die zu Wunderbarem und Unglaublichem befähigt. Allerdings darf diese Macht nicht egoistisch mißbraucht werden, sondern bleibt an den Willen und die Sendung Jesu gebunden. Letztlich zielt alles, was dieses Gebet bewirkt, auf die Verherrlichung des wahren Gottes hin, der sich durch Jesus abschließend geoffenbart hat.
Darum müssen wir Christen unsere Motive prüfen, wenn wir beten. Es darf uns nicht nur um unsere persönlichen Sorgen und Vorhaben gehen. Vielmehr soll all unser Beten und Handeln letztlich der Offenbarung und der Verherrlichung Gottes und Jesu Christi dienen. Darum sollen auch wir Großes erbitten und darauf vertrauen, daß Gott durch jeden von uns Großes für das Heil der Menschen wirken will. Die Heiligen können uns hier als Vorbilder dienen.

Christus Jesus sitzt zur Rechten Gottes und tritt für uns ein (Röm 8,31–39).
Christus lebt allezeit, um für uns einzutreten (bei Gott) (Hebr 7,25–28).

37

**Wenn ihr in mir bleibt
und wenn meine Worte in euch bleiben,
dann bittet um alles, was ihr wollt:
ihr werdet es erhalten.
Mein Vater wird dadurch verherrlicht,
daß ihr reiche Frucht bringt
und meine Jünger werdet.** Joh 15,5–17

Die durch Glauben und Taufe geschaffene Gemeinschaft mit Jesus Christus, dem Auferstandenen, drängt auf Verwirklichung. Sie will sich auswirken in einem Leben, das den Weisungen Jesu entspricht. Diese sind bei Johannes in nur ein Gebot zusammengefaßt: unsere Mitchristen und Mitmenschen zu lieben, wie Jesus uns liebt. Auf diese Weise werden wir wirklich Jünger Jesu. Unser Leben gewinnt dadurch einen Wert, der vor Gottes prüfendem Blick besteht. Wenn wir darum bitten, daß Gott uns hilft, diesem Auftrag zu entsprechen, dann dürfen wir sicher sein, daß er uns erhört. Jesu Verheißung wird so zugleich zur Aufforderung, im Sinne Jesu zu leben.

Euch soll es zuerst um Gottes Reich und seine Gerechtigkeit gehen; dann wird euch alles andere dazugegeben (Mt 6,33).
Eines nur ist notwendig; Maria hat das Bessere gewählt (Lk 10,38–42).
Fürchte dich nicht, du kleine Herde! Euer Vater hat beschlossen, euch das Reich zu geben (Lk 12,31f).

38

**Was ihr vom Vater erbitten werdet,
das wird er euch in meinem Namen geben.
Bittet, damit eure Freude vollkommen ist.**

Joh 16,23–28

Gott hat alle, die zu Jesus gehören, in besonderer Weise in seine Liebe aufgenommen. Dies kann der Jünger Jesu vor allem dadurch erfahren, daß er sich mit all seinen Sorgen Gott anvertraut und darauf hoffen darf, daß Gott ihm in allem beistehen wird. Wer dies erfährt, dem wird Frieden geschenkt (Joh 16,33) und Freude, weil er weiß, daß sein Leben in der Liebe Gottes seinen festen Grund hat. Er ist dem Unheil der Welt letztlich entnommen. Ihm muß alles zum Guten gereichen, auch das, was der „normale" Mensch als lebensfeindlich und belastend erfährt.

Diese Freude, in Gottes Liebe Sinn und Zukunft gefunden zu haben, ist eine wichtige Frucht des Gebetes im Namen Jesu.

Freut euch im Herrn! Bringt all eure Bitten mit Dank vor Gott (Phil 4,4–7).

Für mich ist Christus das Leben, und Sterben Gewinn (Phil 1,21–26).

Gepriesen sei der Gott und Vater unseres Herrn Jesus Christus, der Vater des Erbarmens und der Gott allen Trostes (2 Kor 1,3–5).

39

**Es ist uns Menschen
kein anderer Name unter dem Himmel gegeben,
durch den wir gerettet werden sollen …
als der Name Jesus Christus.** Apg 4,5–12

Der Name bekundet das Wesen und die Bedeutung einer Person. Jesus von Nazaret ist der Vollmachtsträger Gottes in der Menschengeschichte. Seit seiner Auferstehung ist ihm die Lenkung der Geschichte übertragen. In seine Hand ist das Heil eines jeden Menschen gelegt. Er wird das Reich Gottes in seiner Vollgestalt heraufführen.

Wer Jesus als den Herrn anerkennt, in seinem Namen betet und handelt, der wird wie die Apostel Großes und Ungewöhnliches zu vollbringen vermögen. Darum leitet uns die Kirche dazu an, in, mit und durch Jesus Christus zu Gott zu beten. Dieses Beten sollte daher nie nur formelhaft geschehen, sondern persönlich, mit Freimut und großem Vertrauen.

Macht alle Menschen zu meinen Jüngern, tauft sie auf den Namen des Vaters und des Sohnes und des Heiligen Geistes … Seid gewiß: Ich bin bei euch alle Tage bis zum Ende der Welt (Mt 28,19f).

In Christus allein wohnt wirklich die ganze Fülle Gottes (Kol 2,9f; vgl. 1,13–20).

40

Gott hat ihm den Namen verliehen,
der größer ist als alle Namen,
damit jeder Mund bekennt:
Jesus Christus ist der Herr
zur Ehre Gottes, des Vaters. Phil 2,6–11

Wer Christus als den Herrn seines Lebens anerkennt, der dient dem wirklichen Herrn der Welt. Denn ihm hat Gott bei der Auferweckung die Herrschaft über alle Bereiche der Schöpfung übertragen. Er wird die Herrschaft Gottes in dieser Welt endgültig durchsetzen und Gott die Ehre verschaffen, die ihm gebührt. Wer zu Christus gehören will, muß bereit sein, wie Christus selbstlos Gott und den Menschen zu dienen und sich der Führung Christi anzuvertrauen. Er wird dadurch frei von allen Mächten, die ihn versklaven und ihn um den Sinn des Lebens bringen wollen. Christus wird ihm helfen, sein Leben siegreich zu bestehen.

Wir haben nur einen Gott, den Vater; und einer ist Herr: Jesus Christus. Durch ihn ist alles, und wir sind durch ihn (1 Kor 8,5f).
Alles, was ihr in Worten und Werken tut, geschehe im Namen Jesu, des Herrn; durch ihn dankt Gott, dem Vater (Kol 3,17).

41

Es genügt dir meine Gnade. 2 Kor 12,7–10

Auch das Beten im Namen Jesu ist an den Willen Gottes und seinen Plan mit uns Menschen gebunden. Wie Jesus muß auch der Christ sich in Leiden und Nöten bewähren. Das Gebet im Namen Jesu verleiht ihm dazu die nötige Kraft. Die Gnade Gottes befähigt ihn zum Kampf, zur Ausdauer, zum Wachstum im Glauben, in der Hoffnung, in der Selbstlosigkeit, in der Liebe. Aber sie nimmt die Schwierigkeiten nicht hinweg. Bei Paulus scheinen es Krankheiten und Schwächen seines überforderten Körpers gewesen zu sein, die ihn in seinem missionarischen Wirken spürbar behinderten. Auch er mußte also lernen, ja zu sagen zu den ihm auferlegten Hindernissen und seine Arbeit Gott anheimzustellen. So wuchs er gerade an seinen Schwierigkeiten in der Kraft seines Glaubens. „Ich rühme mich daher meiner Schwachheit, damit Christi Kraft auf mich herabkommt." In dieser Erfahrung also kam die Kraft seines Gebetes zum Vorschein.
Das gilt auch für uns. Wir haben mit Schwächen und Mängeln des Leibes, der Seele und unserer Lebensgeschichte bleibend zu ringen; das Gebet im Namen Jesu aber gibt uns die Kraft, diese zu bestehen, zu überwinden, an ihnen zu reifen und den uns übertragenen Aufgaben gerecht zu werden.

Wir rühmen uns unserer Bedrängnis, denn sie bewirkt Geduld und Hoffnung (Röm 5,1–11).
Alles vermag ich durch ihn, der mir Kraft gibt (Phil 4,11–20).
Wenn auch unser äußerer Mensch aufgerieben wird, der innere wird Tag für Tag erneuert (2 Kor 4,14–18).

42

Ja, ich komme, um deinen Willen, Gott, zu tun. Hebr 10,5–10

Das sogenannte Morgengebet des Messias weist auf die Grundhaltung derer hin, die im Geist Jesu und in Verbindung mit ihm beten wollen. Es ist das große Ja zum Heilsplan Gottes, der jedem von uns eine Aufgabe im Heraufführen seines Reiches zugedacht hat. Gott hat das Heil vieler Menschen an das Verhalten und den Einsatz anderer Menschen geknüpft.
Beten heißt nicht, Gott für unsere Pläne zu gewinnen, sondern sich dem Willen Gottes zur Verfügung zu stellen und ja zu sagen zu seinen Plänen. Denn es kann für keinen von uns etwas Besseres und Wichtigeres geben, als das zu leben und zu verwirklichen, was Gott uns zugedacht hat. Das Ja zur Vorsehung Gottes gab auch dem Sterben Jesu einen letzten Sinn und verlieh ihm seine erlösende Bedeutung.
Unser Ja zum Heilswillen Gottes in der Kraft des Geistes Jesu ruft Gottes Ja hervor, das unserem Wollen und Wirken erlösenden Sinn und bleibenden Wert schenkt.

Die Apostel freuten sich, daß sie gewürdigt worden waren, für den Namen Jesu Schmach zu leiden (Apg 5,41f).
Freut euch, daß ihr Anteil an den Leiden Christi habt; denn so könnt ihr bei der Offenbarung seiner Herrlichkeit voll Freude jubeln (1 Petr 4,12–19).
Bei dem Lamm auf dem Berg Zion waren hundertvierundvierzigtausend; auf ihrer Stirn trugen sie den Namen des Lammes und den Namen seines Vaters ... Und sie sangen ein neues Lied vor dem Thron (Offb 14,1–5).

Leitwort der 7. Woche

Nehmt das Schwert des Geistes,
das ist das Wort Gottes.
Hört nicht auf zu beten!
Betet jederzeit im Geist;
seid wachsam, harrt aus
und bittet für alle Heiligen! Eph 6,14–18

Als Glied am Leib Christi ist jedem Christen die Gabe des Geistes Gottes geschenkt. Der Geist leitet ihn dazu an, im Glauben zu wachsen, die Unterscheidung der Geister zu üben und in der Kraft des Geistes zu beten. Dieser Geist Gottes, der im Christen betet, verleiht dem Stammeln des Menschen Sinn und Mächtigkeit, läßt um das Rechte bitten, vor allem aber drängt er dazu, Gott, den Vater Jesu Christi, zu bekennen und ihn für die Taten seiner Liebe voll Dank zu preisen.
Der Geist Gottes vermittelt dem, der sich in seinem Beten von ihm bestimmen läßt, Friede, Zuversicht, Vertrauen und eine heilige Sorglosigkeit. Denn wer sich vom Geist Gottes führen läßt, wird mit der freudigen Gewißheit belohnt, als Kind von Gott unbedingt angenommen und geliebt zu sein.

43

Weil ihr Söhne seid,
sandte Gott den Geist seines Sohnes
in unser Herz,
den Geist, der ruft:
Abba, Vater. Gal 4,1–7; vgl. Röm 8,14–17

An zwei wichtigen Stellen der Briefe an die Galater und die Römer weist Paulus darauf hin, daß die Christen dieser Gemeinden im Gottesdienst voll Freude und Gewißheit Gott mit dem Namen bekennen und anrufen, mit dem Jesus seinen Vater anredete: Abba. Mit diesem Rufen, das aus ihnen herausbricht („Der Geist selbst ruft"), äußern sie freudige Gewißheit und beten sich zugleich tiefer in sie hinein, von Gott als Kinder in Liebe unwiderruflich angenommen zu sein. Und sie erfahren, daß Gott, der Vater Jesu Christi, nun unbedingt für sie einstehen wird, so daß sie nichts aus dieser Liebe lösen kann – außer sie selbst. „Ich bin gewiß" – bekennt Paulus –, „nichts kann uns scheiden von der Liebe Gottes" (Röm 8,38f).
Daß wir zu Gott „Vater" sagen und seiner Liebe gewiß sein dürfen, das ist die große Gabe, die uns der Geist Gottes vermittelt hat. In diesem einen Wort ist alles zusammengefaßt, was uns Jesus Christus geoffenbart und mitgeteilt hat.

Die Liebe Gottes (d.h. die Liebe, die Gott zu uns hat) ist ausgegossen in unsere Herzen durch den Heiligen Geist, der uns gegeben ist (Röm 5,1–11).
Wir haben Gemeinschaft mit dem Vater und seinem Sohn, Jesus Christus (1 Joh 1,1–4).
Wir heißen Kinder Gottes, und wir sind es (1 Joh 3,1–3).
Daher beuge ich meine Knie vor dem Vater (Eph 3,14–21).

44

**Gott ist Geist,
und alle, die ihn anbeten,
müssen im Geist und in der Wahrheit anbeten.**

Joh 4,19–26

Die Anbetung Gottes, die seinem Wesen entspricht, ist nicht an Orte, Zeiten, Formeln oder Riten gebunden. Vielmehr setzt sie voraus, daß der Beter in Gemeinschaft mit Christus steht, wiedergeboren ist aus dem Wasser und dem Geist Gottes, sich von der Sünde losgesagt hat und daß er aufrichtig, in Ehrfurcht, Gehorsam und Liebe zu Gott betet. Der Ort, wo sich Gott endgültig uns Menschen geoffenbart hat, ist sein Sohn Jesus Christus. Wer an Jesus Christus glaubt und in seinem Geist betet, dessen Gebet ist Gott wohlgefällig.

Entscheidend ist also, daß ein Mensch die Gabe des Geistes Gottes besitzt und aus dieser inneren Verwandtschaft, aus der Kindschaft heraus zu Gott spricht. Die richtige Anbetung umfaßt aber nicht nur das Beten, sondern schließt das ganze Leben des Beters ein. „Ich tue immer, was meinem Vater gefällt" (Joh 8,29) – dieser Satz Jesu muß zum Lebensgesetz eines jeden echten Beters werden.

Meine Speise ist es, den Willen dessen zu tun, der mich gesandt hat (Joh 4,31–34).

Ihr kennt den Geist der Wahrheit, der bei euch bleibt … Ich bin in meinem Vater, ihr seid in mir, und ich bin in euch (Joh 14,15–21).

Der Vater selbst liebt euch, weil ihr mich geliebt habt (Joh 16,26–28).

45

**Ich beuge meine Knie vor dem Vater ...
und bitte, er möge euch schenken,
daß ihr in eurem Innern
durch seinen Geist
an Kraft und Stärke zunehmt.
Durch den Glauben wohne
Christus in euren Herzen.** Eph 3,14–21

Es muß das Ziel unseres Betens sein, Christus ähnlicher zu werden, in der Kraft und Weisheit zu wachsen, die der Geist Gottes schenkt und so das neue Menschsein durch das Wirken des Geistes Gottes in seiner Fülle zu verwirklichen. Denn der Geist Gottes hilft jedem Christen dazu, den Sinn echten Menschseins, die Ebenbildlichkeit Gottes, wie sie Christus in Vollendung verkörperte, in der eigenen Person auszuprägen.

Dieses neue Menschsein erwächst aus der Gemeinschaft, die der Geist Gottes mit Gott und Christus ermöglicht. Die Befähigung zur Liebe, zu selbstloser Liebe gegenüber Gott und den Mitmenschen, stellt das Ziel und den Inhalt dieser wachsenden Gemeinschaft dar.

Wir beten, daß ihr in aller Weisheit und Einsicht, die der Geist Gottes schenkt, den Willen des Herrn ganz erkennt (Kol 1,9; vgl. Eph 1,16–19).

Ich bete darum, daß eure Liebe immer reicher an Einsicht und Verständnis wird (Phil 1,3–11).

46

Macht euch keine Sorge,
wie und was ihr reden sollt;
denn es wird euch in jener Stunde eingegeben.
Der Geist eures Vaters wird durch euch reden.

Mt 10,17–20; vgl. Mk 13,9–11; Lk 21,12–15

In den entscheidenden Situationen seines Lebens darf der Christ darauf vertrauen, daß ihm Gottes Geist das Richtige eingibt, die richtigen Gedanken und die richtigen Worte. Das gilt sowohl für die Aufgabe jedes Christen, Zeuge für Gott und Christus zu sein, wie auch für das Beten des Christen allgemein.
Dort, wo unser Denken, unsere Einsicht, unser Wollen und Bitten an Grenzen stoßen, die wir aus eigener Kraft nicht übersteigen können, dort dürfen wir auf die Hilfe des Geistes Gottes vertrauen, der in uns wirkt. Es genügt dann, still zu werden vor Gott und darauf zu achten, was der Geist Gottes uns und in unserem Namen vor Gott sagen will.

Von Gott her seid ihr in Christus Jesus, den Gott für uns zur Weisheit gemacht hat, zur Gerechtigkeit und Heiligung (1 Kor 1,20–31).
Wartet auf die Verheißung des Vaters, die Kraft des Heiligen Geistes, der auf euch herabkommen wird (Apg 1,4–8).

47

Sorgt euch um nichts,
sondern bringt in jeder Lage
eure Bitten mit Dank vor Gott.
Und der Friede Gottes,
der alles Verstehen übersteigt,
wird eure Herzen
in der Gemeinschaft mit Christus Jesus
bewahren. Phil 4,4–9

Im Brief an seine Lieblingsgemeinde fordert der gefangene Apostel die Gemeindemitglieder auf, sich in allen Dingen voll Vertrauen an Gott zu wenden und jeder Art ängstlicher Sorge zu widerstehen. Aus der Gewißheit heraus, um Christi willen von Gott unbedingt geliebt zu sein, sollten sie all ihre Bitten immer voll Dank Gott vortragen und dann Gott walten lassen. Das Wichtigste sei, an Christus festzuhalten. Dies aber werde Gott durch seinen Geist bewirken.
Wer im Geist Gottes betet, erfährt die Gaben des Friedens und der Freude und vermag so in dankbarer, vertrauensvoller Sorglosigkeit zu leben. Diese Aussage hat besonderes Gewicht, weil Paulus sie aus einem antiken Gefängnis heraus macht. Es handelt sich hier also um eine persönliche Erfahrung, nicht um eine schöne Theorie.

Fürchtet euch nicht! (Mt 10,26–33; vgl. 6,25–34).
Euer Herz beunruhige sich nicht (Joh 14,1; 14,27–29).
Die Frucht des Geistes aber ist Liebe, Freude, Friede (Gal 5,22 f).

48

Der Geist tritt für uns ein mit Seufzen, das wir nicht in Worte fassen können.

Röm 8,23–30

Wir Menschen können uns auch mit Hilfe unseres Glaubenswissens nicht Gott selbst, seine Herrlichkeit und auch das, was er am Ende der Zeit schaffen wird, vorstellen. Darum auch wissen wir bei all unserem Sorgen für die Zukunft nicht, welchen Weg wir gehen, was wir für unsere endgültige Zukunft näherhin erbitten sollen. So kommt es, daß wir auch im Glauben an die Grenzen unseres Vorstellungsvermögens, an die Grenzen unseres Denkens stoßen und dort zuletzt nur still zu werden vermögen vor Gott.
Wir können daher unsere Zukunft letztlich nur Gott in die Hand geben und ihn bitten, uns zu führen. Er weiß, was für uns gut ist. Er kennt unsere Sehnsucht nach Vollendung, nach bleibender Gemeinschaft mit ihm. Er weiß, wohin der Geist Gottes uns führen will, den er in unser Herz gegeben hat.
So genügt es oft, einfach ruhig zu werden vor Gott und auf Gott hin sich auszustrecken, bei ihm zu verweilen. Dann wird für uns Gottes Geist in uns zu reden beginnen.

Wer hat die Gedanken Gottes erkannt? (Röm 11,33–36).
Das Törichte an Gott ist weiser als die Menschen (1 Kor 1,18–31).
Der Geist und die Braut sagen: Komm! (Offb 22,17).
Dem einen, weisen Gott sei Ehre (Röm 16,27).
Gott kann durch die Macht, die in uns wirkt, unendlich viel mehr tun, als wir erbitten oder uns ausdenken können, er werde verherrlicht (Eph 3,20f).

49

Ich wünschte, ihr würdet alle in Zungen reden.

1 Kor 14,5

Paulus wünscht, daß allen Christen die Gnadengabe geschenkt sei, „im Geist“ oder „in Zungen“ zu beten. Die Gabe der Zungenrede schenkt die Fähigkeit, Gott in nicht worthaften Lauten und Äußerungen zu preisen, ihm zu danken und vor ihm das eigene Herz offenzulegen. In dieser Gabe äußert sich am auffälligsten das Wirken des Geistes Gottes im Christen, wenn Paulus auch feststellt, daß die Gabe der Prophetie das Zungenreden an Bedeutung für den Aufbau der Kirche übertrifft (1 Kor 14).
Dennoch darf die Gabe des Zungenredens nicht unterschätzt werden. Sie stellt eine besondere Form des Betens dar und sollte deshalb auch von uns heutigen Christen erstrebt werden.
Für alle Arten pneumatischer Begabung aber gilt, daß sie nicht aus Geltungssucht oder sonstigen egoistischen Interessen, sondern nur im Geist der Liebe zu Gott und zu den Menschen erbittet und ausgeübt werden dürfen. „Wenn ich in den Sprachen der Menschen und der Engel redete, hätte aber die Liebe nicht, wäre ich dröhnendes Erz oder eine lärmende Pauke“ (1 Kor 13,1). Die Liebe zu Gott und zu den Menschen ist der entscheidende Maßstab für unser Beten.

Durch Leute, die anders und in anderen Sprachen reden, werde ich zu diesem Volk sprechen (1 Kor 14,21f; Jes 28,11f).
Singt Gott in eurem Herzen Psalmen, Hymnen und Lieder, wie sie der Geist eingibt (Kol 3,16).
Gott ist die Liebe, und wer in der Liebe bleibt, bleibt in Gott, und Gott bleibt in ihm (1 Joh 4,16f).

Dritter Lesezyklus

Als Christ leben und Gott loben mit den Psalmen

Einführung: Eigenart und Bedeutung der Psalmen

1. *Einstieg und Eigenart*

Die Psalmen oder der Psalter stellen eine Zusammenfassung des Gebetslebens und der Gebetserfahrung des Volkes Israel etwa vom Jahr 1000–50 v. Chr. dar. Das Wort „Psalm“ stammt ebenso wie „Psalter“ aus dem Griechischen und heißt Lied. Die hebräische Bezeichnung für die Psalmen lautet Loblied, Preisung. In der *Psalmensammlung* sind 150 Lieder vereinigt. Diese Sammlung wurde nach dem Vorbild der 5 Bücher Mose in 5 gleiche Abschnitte aufgeteilt (1–41; 42–72; 73–89; 90–106; 107–150).

Die Psalmen wurden *zur Zeit Jesu* sowohl in der Tempelliturgie als auch beim häuslichen Gebet und privat verwendet.

Da die Psalmen oft abgeschrieben wurden, ist die *Textüberlieferung* an manchen Stellen unklar (s. die Fußnoten in der Einheitsübersetzung). Die Hinweise zu Beginn einzelner Psalmen stammen nicht von den Verfassern, sondern wurden später zugefügt.

Der Form oder Gattung nach unterscheidet man *Lob- und Bittlieder.*

Näherhin finden sich: *Hymnen* (Loblieder) auf Gottes Walten in Schöpfung und Geschichte. Sie werden oft eingeleitet mit der Aufforderung: Hallelu-Ja, d.h. Laßt uns Jahwe (Gott) preisen! Diese Aufforderung verweist auf den Gebrauch im Tempelgottesdienst. Bei den *Bittliedern* unterscheidet man Klagelieder des Einzelnen und Klagelieder des Volkes. Oft geht es dabei um die Bitte an Gott, für das angefochtene Recht des Beters einzutreten.

Zu den Psalmen, die vom *Königtum Jahwes* handeln, werden: 47; 93; 96–99; außerdem 29; 68; 95; 100; 149 gerechnet. Auch die *messianischen Psalmen* 2; 45; 72; 89; 110 und 132 gehören zu dieser Gruppe.

Eine Sondergruppe stellen die *Zionslieder* dar: 46; 48 und 76. All diese Psalmen preisen Gott als den Herrscher der Welt und bitten darum, diese Herrschaft bald in der ganzen Welt durchzusetzen.
Zu den *Lehr- oder Weisheitspsalmen* werden gerechnet: 9; 10; 25; 34; 111; 112; 119 und 145; zu den *Offenbarungspsalmen:* 1; 19; 119. Den *Themengruppen* nach sprechen von der *Heilsführung Gottes* die Psalmen: 78; 105; 106; vom *Leben des Menschen:* 8; 90; 138; über die *rechte Lebensführung:* 14; 15; 24; 32; 52; 62; 101; 112; 127; 133; über die *Vergeltungslehre:* 34; 37; 49; 73; 91.

2. Vom Psalmenbeten des Christen

Die Urkirche hat viele Psalmen nach dem Vorbild Jesu in das eigene Beten und Feiern übernommen und hat die Psalmen auf Christus hin gedeutet. Er ist der, der die Güte und Treue Gottes endgültig offenbart hat; er wird vor allem als der eigentliche Beter dieser Lieder des Volkes Gottes verstanden.
Zugleich aber haben die ersten Christen die Psalmen von der Verkündigung Jesu her von allem gereinigt, was menschlich unvollkommen war in diesen Gebeten: so die Bitte um Rache und Vergeltung an den Feinden, die Wünsche nach Sieg und Herrschaft des Volkes Israel, die manchmal allzu selbstsicheren Unschuldsbeteuerungen verfolgter Beter, die Auffassung, es gebe kein Weiterleben nach dem Tode.
Deshalb können nicht alle Teile des jüdischen Psalters von uns Christen übernommen, vor allem aber müssen alle Psalmen im Geiste Christi und der Kirche neu gebetet werden. *Mit Christus, in Christus und durch Christus, den Auferstandenen, sind nun die Psalmen in der Gemeinschaft der Kirche zu beten.* Dann werden sie für uns Christen zum Ausdruck unseres Glaubens und zu einer Schule des Gebetes.

3. *Zum rechten Gebrauch dieser Handreichung*

Die Auswahl erfolgte nach thematischen Schwerpunkten. Der jeweilige Psalmabschnitt soll gläubig bedacht, auf das eigene Leben übertragen und dann besinnlich gebetet werden. Dadurch soll das eigene Beten an Weite, Tiefe und innerem Reichtum gewinnen.
Die *Meditationsmotive* dienen dazu, den jeweiligen Psalm oder Psalmteil in einen bestimmten Glaubenszusammenhang einzurücken, helfen je nach Eigenart also zum rechten Einstieg in die Meditation. Beim eigenen Beten soll der Psalm an Gott, den Vater Jesu Christi, und unseren Vater, oder an Jesus Christus, unseren Herrn, gerichtet werden. Außerdem empfiehlt es sich, den jeweiligen Psalm abzuschließen durch die Doxologie (Lobpreis) „Ehre sei dem (dir) Vater und dem (dir) Sohn und dem (dir) Heiligen (Heiliger) Geist! Amen".

4. *Hilfen zu einem besseren Psalmenverständnis*

An *Psalmenausgaben* sind zu nennen neben der Einheitsübersetzung die Übersetzungen von M. Luther, M. Buber (Buch der Preisungen), R. Guardini (Dt. Psalter), Zürcher-Bibel, der Guten Nachricht, von J. Zink und von E. Gerstenberger, K. Jutzler, H. J. Boecker (Psalmen in der Sprache unserer Zeit).

Deissler, A.: Die Psalmen. Ausgabe in einem Band. 2. Auflage, Düsseldorf 1979 (beste Hilfe für das christliche Psalmenbeten).

Westermann, C.: Lob und Klage in den Psalmen. 5. Auflage, Göttingen 1977.

Kraus, H. J.: Psalmen. Biblischer Kommentar zum Alten Testament, Bd. XV, 1–2. 5. Auflage, Neukirchen 1978 (streng wissenschaftlich).

Weiser, A.: Die Psalmen. Das Alte Testament Deutsch, Bd. 14/15. 9. Auflage, Göttingen 1979 (ausführlich, auch für Nichtfachleute verständlich).

Leitwort der 1. Woche

**Was ist der Mensch,
daß du an ihn denkst?** Ps 8,5

Den Gläubigen des Alten Bundes war bewußt, daß der Mensch sich erst in der Begegnung mit Gott zu begreifen vermag. Die tiefste Aussage über das Wesen des Menschen ist aus diesem Gegenüber erwachsen: Der Mensch ist Gottes Abbild in der Schöpfung und als solcher in die Herrschaft über die Schöpfung eingesetzt.
Die Frömmigkeit des alttestamentlichen Menschen ist geprägt vom Staunen über Gottes Güte und Sorge gegenüber dem kleinen, armseligen Menschengeschöpf. Dieses dankbare und freudige Staunen muß daher auch die Frömmigkeit des Christen grundlegend prägen.

1

Du hast den Menschen nur wenig geringer gemacht als Gott. Ps 8,2–10

Unter dem tiefen Eindruck des prachtvollen nächtlichen Sternenhimmels im Orient beginnt der Beter nachzudenken über die Großartigkeit Gottes und über die Stellung des Menschen in der Schöpfung. Der Mensch ist zwar ein Nichts, gemessen an Gott – und doch kann er Gottes Größe in der Schöpfung erkennen und weiß sich als Herr über die Schöpfung gesetzt. Das öffnet ihm den Mund – sei der Beter klein oder groß – zum staunenden Lob Gottes und zum Dank für das großartige Geschenk, Mensch sein zu dürfen in Gottes Schöpfung.
Freuen wir uns voll Staunen und Dankbarkeit über unser Leben?

Er thront über dem Erdenrund; wie Heuschrecken sind ihre Bewohner (Jes 40,21–31).
Was ist der Mensch, daß du deinen Sinn auf ihn richtest? (Ijob 7,17–21).
Wie wäre ein Mensch gerecht vor Gott, der Wurm, die Made? (Ijob 25,4–6).
Aus dem Mund der Kinder und Säuglinge schaffst du dir Lob (Mt 21,15).
Wenn ihm alles unterworfen ist, wird auch der Sohn sich Gott unterwerfen (1 Kor 15,25–28).

1. Woche: Der Mensch vor der Größe Gottes, des Schöpfers

2

Herr, mein Gott, wie groß bist du! Ps 104,1–35

In diesem Psalm bedenkt der Beter staunend und dankbar das großartige Werk der Schöpfung, das Gott zum Wohl aller Geschöpfe wunderbar geordnet hat. Der Mensch hat darin einen schöpferischen Dienst: Er darf am Werk Gottes mitarbeiten, darf es mitgestalten als Glied des Ganzen.

Je mehr wir Menschen uns die Schöpfungskräfte zunutze machen, desto mehr Anlaß haben wir zum Staunen und zur Dankbarkeit. Denn Gott hat uns die Schöpfung zur Verfügung gestellt.

Dieses Staunen gilt es wieder zu lernen. Gerade Jesus war es, der auf den Schöpfer hinwies, der alles so schön gestaltete und der zugleich wunderbar für all seine Geschöpfe sorgt.

Sorgt euch nicht um euer Leben. Euer himmlischer Vater weiß, daß ihr all das braucht (Mt 6,25–34; Lk 12,22–32).

Jede gute Gabe kommt von oben, vom Vater der Gestirne (Jak 1,16–18).

Christus ist das Ebenbild des unsichtbaren Gottes, der Erstgeborene der ganzen Schöpfung (Kol 1,12–20).

Alles ist durch das Wort geworden (Joh 1,1–5).

3

Herr, du kennst mich. Ps 139,1–18.23–24

Ein ungerecht verfolgter Mensch (V. 19–22) erfährt im Gebet, daß Gott ihn durch und durch kennt, weil er wunderbar sein Leben gebildet hat und ihn durch seine Vorsehung führt. Daß Gott ihn kennt, ist für den Beter Anlaß zu unbedingtem Vertrauen: Gott steht ihm bei und wird ihn gegen böse Menschen schützen. Er weiß sich umgeben und getragen von Gottes liebender Sorge.

Da auch wir letztlich Gott unser Leben verdanken, dürfen auch wir voll staunender, dankbarer Liebe uns Gott anvertrauen.

Die Verse 19–22 sprechen aus alttestamentlicher Sicht. Jesus stellte gegen diesen Wunsch nach gerechter Vergeltung die Weisung der Feindesliebe.

Du kennst mich, Herr (Jer 12,3).
Er weiß, was im Dunkel ist (Dan 2,22).
Jesus wußte, was im Menschen ist (Joh 2,23–25).
Herr, ich sehe, daß du ein Prophet bist (Joh 4,16–19.39).
Dein Vater, der das Verborgene sieht, wird vergelten (Mt 6,4.6.18).

4

Wenn nicht der Herr das Haus baut, müht sich jeder umsonst. Ps 127,1–5

Die Aussage dieses Psalms spricht die menschliche Grunderfahrung aus: An Gottes Segen ist alles gelegen. Weil das Leben, der Lebensraum und die Lebensmittel uns Menschen von Gott geschenkt sind, sollen wir uns Gott zuversichtlich anvertrauen. Er wird alles zum Guten lenken.
Diesen Gedanken hat Jesus auf vielfältige Weise entfaltet, und zwar von der Erkenntnis Gottes als des gütigen Vaters der Menschen her.

Gott war es, der dir Kraft gab (Dtn 8,17f.).
Vertrau auf den Herrn, bau nicht auf eigene Klugheit (Spr 3,5–7).
Der Segen des Herrn macht reich (Spr 10,22).
Euer himmlischer Vater weiß, daß ihr das alles braucht (Mt 6,25–32).
Um wieviel mehr wird euer Vater euch Gutes geben (Mt 7,7–11).
Gott führt alles zum Guten (Röm 8,28).

5

Die Himmel rühmen die Herrlichkeit Gottes.

Ps 19,1–7

Das Loblied auf die Herrlichkeit des Schöpfers, dessen Glanz sowohl die Sonne wie auch die Sterne in der Nacht weltweit bekannt machen, setzt eine Grunderfahrung des orientalischen Menschen voraus. Aber diese Botschaft kann auch außerhalb des Orients, auch heute, jeder lesen und verstehen, der offene Augen, einen klaren Verstand und ein unverbildetes Herz hat. Wir modernen Menschen müssen wieder lernen, unseren Schöpfer zu ehren für seine Großartigkeit, die sich in unserer Welt auch heute noch von Tag zu Tag offenbart.

Steh still, um die Wunder Gottes zu betrachten (Ijob 36,22 bis 37,24).
Von der Größe und Schönheit der Geschöpfe läßt sich auf ihren Schöpfer schließen (Weish 13,1–9).
Seit Erschaffung der Welt wird Gottes ewige Macht und unsichtbare Wirklichkeit an den Werken der Schöpfung mit der Vernunft wahrgenommen (Röm 1,19–21).
Christus ist der Erstgeborene der Schöpfung, das Ebenbild des unsichtbaren Gottes (Kol 1,15–17).

6

Wer gleicht dem Herrn, unserm Gott? Ps 113,1–9

„Die Freude an Gott ist unsere Kraft" (Neh 8,9). Dieses Wort aus dem Buch Nehemia spricht die Urfreude des unverbildeten Menschen aus, Gott, seinen Schöpfer, kennen und loben zu dürfen. Die Anlage, Gott zu verehren, ihn anzubeten, ihm zu dienen, ist uns Menschen eingeboren. Dieser Freude an Gott, dem guten Schöpfer und Herrn der ganzen Schöpfung, gibt dieser Psalm Ausdruck. Darin zeigt sich zugleich die Freude, in der Welt Gottes als geliebtes Geschöpf leben zu dürfen.

Erfüllt diese Freude auch unser Herz, die wir heute in Gottes Welt leben? Denken wir daran, daß auch wir Gäste und Kostgänger in Gottes Welt sind?

Mit wem wollt ihr Gott vergleichen? Alle Völker sind vor ihm wie ein Nichts (Jes 40,12–18).
Mein Herz ist voll Freude über den Herrn (1 Sam 2,1–10).
Ich, der Heilige ... bin auch bei den Bedrückten (Jes 57,15).
Gott ... hat auf seine niedrige Magd geschaut (Lk 1,46–55).
Darum hat Gott Jesus über alle erhöht, damit alle im Himmel, auf der Erde und unter der Erde ihre Knie beugen (Phil 2,6–11).

7

Alles, was atmet, lobe den Herrn. Ps 150,1–6

Diese Aufforderung, mit der das Psalmenbuch schließt, ergeht an alles, was von Gott Leben erhielt. Das Lob Gottes ist daher die wichtigste Aufgabe des Menschen, weil er der Herr und der Sprecher der ganzen Schöpfung ist. Er soll sich im Lob Gottes freudig für sein Leben in der Welt Gottes bedanken und zugleich seiner Zuversicht Ausdruck verleihen, in der Gemeinschaft mit diesem Gott sein Glück zu erfahren. Das Loben Gottes trägt seinen Sinn in sich und macht frei von einer Zweck-, Nutz- oder Furchtreligion. Es befreit zugleich zu einem frohen, dankbaren, zuversichtlichen Lebensvollzug.

Gott sah, daß alles, was er gemacht hatte, sehr gut war (Gen 1,1–30).
Wer bestimmt den Geist des Herrn? (Jes 40,12–18).
Gepriesen seist du, Herr, du Gott unserer Väter (Dan 3,52–90).
Würdig bist du, unser Herr und Gott, Herrlichkeit und Ehre und Macht zu empfangen. Denn du bist es, der die Welt erschaffen hat (Offb 4,1–11).

Leitwort der 2. Woche

Er, der Herr, ist unser Gott. Ps 105,7

Daß Jahwe, der Herr, sich einem kleinen Sklavenvolk offenbarte, es zu seinem Volk erwählte, eine Gemeinschaft mit ihm einging und es zum Träger seines Segens unter den Völkern machte, das ist der nie voll begreifbare und ausschöpfbare Grund für den Jubel des Volkes Israel. Das Selbstvertrauen, die Würde, die Hoffnung, die Freude und die Kraft zur Selbstbehauptung dieses Volkes gründen in dieser einzigartigen Erwählungstat Gottes.
Durch Jesus Christus, den endgültigen Offenbarer und Segensträger dieses Gottes gehören auch wir Christen zu diesem Volk und dürfen daher in den Jubel, das Bekennen und Beten des erwählten Volkes Gottes mit einstimmen.
Das macht unser Beten sinnvoll und köstlich.

(Die griechische Bibel, die Juden vor Christus in Alexandrien geschaffen haben, die Septuaginta, übersetzte den Gottesnamen Jahwe, d.h. „der Ich-bin-da", vgl. Ex 3,14, durch Kyrios, der Herr. Diesem Vorbild folgten die ersten Christen in ihrem Verkündigen und Beten.)

8

Dankt dem Herrn. Macht seine Taten bekannt.

Ps 105,1–45

Dieses heilsgeschichtliche Bekenntnis macht der betenden Gemeinschaft bewußt, was der Bundesgott für sein Volk Entscheidendes getan hat, und erinnert zugleich daran, diesem Gott die Treue zu halten und ihn zu ehren.
Für uns Christen ist es wichtig, an diese Betrachtung all das anzuschließen, was Gott darüber hinaus für sein Volk getan hat, bis zur Hingabe seines geliebten Sohnes zu unserem Heil. Erst vor diesem Hintergrund des gnädigen Handelns Gottes gewinnt unser Vertrauen festen Stand, erhalten unsere Sorgen das rechte Maß.
Darum auch bedarf es im Jahr der Kirche immer wieder der vergegenwärtigenden Feiern der Großtaten Gottes.

Ich bin der Gott deines Vaters, der Gott Abrahams, der Gott Isaaks und der Gott Jakobs. Ich habe das Elend meines Volkes in Ägypten gesehen (Ex 3, 1–17).
Ich bin Jahwe, dein Gott, der dich aus Ägypten herausgeführt hat (Ex 20, 1–21; vgl. Dtn 5, 1–22).
Der Herr nahm sich selbst sein Volk als Anteil (Dtn 32, 3–15).
Gott ist ein Gott der Lebenden (Mt 22, 32).
Als die Zeit der Verheißung herankam, die Gott dem Abraham zugesagt hatte … (Apg 7, 17–34).
Sie sangen das Lied des Mose, des Knechtes Gottes, und das Lied zu Ehren des Lammes (Offb 15, 3–4).

9

Wir sind Gottes Volk, die Herde seiner Weide. Ps 100,1–5

Der Psalm wurde als Prozessionslied beim Einzug des Volkes in den Tempel gesungen. Er spiegelt die Freude des Volkes an seinem Gott, die Freude, von diesem Gott erwählt zu sein. Im Bild der Herde spricht sich das Gefühl der Geborgenheit und des Dankes für gute Versorgung und Schutz aus.
Danken wir Gott, daß wir zu seinen Erwählten, zu seiner Kirche, zu seinem Volk, zu seiner Familie gehören? Denn darin ist alles eingeschlossen, was Gott uns in seiner Liebe schenken will.

Laßt uns niederfallen vor dem Herrn, unserm Schöpfer; denn er ist unser Gott (Ps 95,1–7).
Ihr seid die Herde meiner Weide; ich bin euer Gott (Ez 34,23–31).
Ich habe dich beim Namen gerufen, du gehörst mir (Jes 43,1–7).
Wie ein Hirt führt Gott seine Herde (Jes 40,10f).
Ich bin der gute Hirt. Ich gebe mein Leben hin für die Schafe (Joh 10,11–18).
Er geht dem verlorenen Schaf nach, bis er es findet (Lk 15,3–7).
Ihr seid ein auserwähltes Geschlecht; ein Volk, das Gottes besonderes Eigentum wurde (1 Petr 2,9–10).

2. Woche: Gott, der Herr und Retter seines Volkes

10

Der Herr ist König. Groß ist der Herr auf Zion.

Ps 99,1–9

Es ist das große Vorrecht Israels, daß der Schöpfer der Welt, der einzige, lebendige Gott unter seinem Volk im Tempel gnädig gegenwärtig ist. Noch übt er seine Weltherrschaft verborgen aus; aber einst wird er sie voll offenbaren. Dann wird sein Heil von Jerusalem aus alle Völker retten. Sein Volk wird teilhaben an seiner Herrschaft. Davon sprechen die sogenannten Zionslieder.
Durch Jesu Tod und Auferstehung in Jerusalem hat sich diese Erwartung erfüllt. Wo immer Christen Eucharistie feiern, wird Gottes Königtum bereits gnadenhaft Wirklichkeit in der Gemeinschaft der Feiernden.

Der Herr ist König, die Erde frohlocke (Ps 97,1–12).
Bringt dar dem Herrn, ihr Stämme der Völker, Lob und Ehre (Ps 96,1–13).
Dein Thron steht fest von Anbeginn (Ps 93,1–5).
Der Berg Zion ist die Stadt des großen Königs (Ps 48,1–15).
Jerusalem ist die Stadt des großen Königs (Mt 5,35).
Ein Prophet darf nirgendwo anders als in Jerusalem umkommen (Lk 13,33).
Ich sah die heilige Stadt, das neue Jerusalem … wie eine Braut vom Himmel herabkommen (Offb 21,1 – 22,5).

11

Ich freute mich, als man mir sagte: Zum Haus des Herrn wollen wir pilgern.

Ps 122, 1–9

Es war die größte Freude für einen Israeliten, mit anderen Wallfahrern zum Haus seines Gottes nach Jerusalem zu ziehen. Dort erlebte er die Gegenwart Gottes. Sie war das Unterpfand des Segens für sein Volk.
Das gemeinsame Loben und Preisen Gottes im feierlichen Gottesdienst gehört auch zu den Wesenselementen christlicher Frömmigkeit. Jesus selbst zog regelmäßig zum Tempelgottesdienst nach Jerusalem, zusammen mit seinen Jüngern und anderen Festpilgern.
Seit der Auferstehung Jesu ist unser Herr lebendig gegenwärtig in den Gliedern seiner Kirche, die sich zum Gottesdienst versammeln, sowie in Wort und Sakrament. Wir Christen sollten daher mit Freude zum Gottesdienst gehen und dabei auch für das Wohl aller Glieder der Kirche, des Leibes Christi, beten. Auch christliche Wallfahrten haben von den biblischen Anfängen an ihren bleibenden Sinn.

Wann darf ich kommen und Gottes Antlitz schauen? (Ps 42, 1–12).
Der Segen des Herrn sei mit euch (Ps 129, 1–8).
Der Eifer für dein Haus verzehrt mich (Joh 2, 13–22).
Es kommt die Stunde, zu der ihr weder auf diesem Berg noch in Jerusalem anbeten werdet. Die wahren Beter werden den Vater im Geist und in der Wahrheit anbeten (Joh 4, 19–26).
Laßt euch als lebendige Steine zu einem geistigen Haus aufbauen, um durch Jesus Christus geistige Opfer darzubringen, die Gott gefallen (1 Petr 2, 1–10).
Wo zwei oder drei in meinem Namen beisammen sind, da bin ich mitten unter ihnen (Mt 18, 20).

2. Woche: Gott, der Herr und Retter seines Volkes

12

Gott ist uns Zuflucht und Stärke.
Darum fürchten wir uns nicht. Ps 46,2–12

Die Gegenwart Gottes unter seinem Volk verleiht diesem Schutz, gibt ihm Zuversicht und Hoffnung, läßt es nie verzagen. Zugleich weiß das Volk Gottes, daß dieser Gott einmal Frieden, endgültigen Frieden und volles Heil schaffen wird. Was jetzt noch verborgen, nur im Glauben, im Volke Gottes erfahren wird, die erlösende Liebe Gottes, das wird am Ende der Zeit alle Menschen ergreifen und verwandeln.
Diese heilbringende Wirklichkeit Gottes wird durch den Auferstandenen, Christus, in besonders dichter Weise immer dann erfahren, wenn Christen sich zum Gottesdienst versammeln.

Aus Jerusalem kommt das Wort des Herrn (Jes 2,3–5).
Ein Sohn ist uns geschenkt; auf seiner Schulter liegt die Herrschaft (Jes 9,1–6).
Man tut nichts Böses mehr auf meinem heiligen Berg (Jes 11,9f).
Ich bin bei euch alle Tage bis zum Ende der Welt (Mt 28,20).
Ist Gott für uns, wer ist dann gegen uns? (Röm 8,31).

13

Wie ein Vater sich seiner Kinder erbarmt, so erbarmt sich der Herr über alle, die ihn fürchten. Ps 103,1–22

Gott sorgt sich nicht nur um das Wohl seines Volkes, sondern er wendet sich jedem Glied seines Volkes wie ein Vater zu. Gerade weil der Mensch so gefährdet und vergänglich ist, erbarmt er sich auch der sündigen und schwachen Menschen. Und seine Güte ist unwandelbar. Sie ist das, was als festes Element in der Geschichte wirkt. Darum darf jeder, der Gott kennt, auch in Sünde und Heimsuchung auf seine Güte hoffen. Dies kann der Beter dieses Psalms aus eigener Erfahrung bezeugen.
Jesus hat diese Grunderfahrung Israels vertieft durch die Offenbarung der unbedingten Liebe Gottes zu den Sündern und Verlorenen.

Jahwe ist ein gnädiger und barmherziger Gott, langmütig, reich an Güte und Treue (Ex 34,6).
Meine Huld wird nie von dir weichen (Jes 54,6–9).
Ich, der Heilige, bin auch bei den Zerschlagenen und Bedrückten (Jes 57,15–19).
Ich blicke auf den, der zittert vor meinem Wort (Jes 66,1–2).
Der Herr hat mich gesandt, damit ich ein Gnadenjahr des Herrn ausrufe (Lk 4,18–21).
Barmherzigkeit will ich, nicht Opfer (Mt 9,12f).
Jetzt müssen wir ein Fest feiern; denn dein Bruder war tot und lebt wieder (Lk 15,11–32).

14

**Danket dem Herrn,
denn seine Huld währt ewig.** Ps 136,1–26

Diese Dankeslitanei des Volkes Israel für die großen Taten seines Gottes wurde zur Zeit Jesu an jedem Sabbatmorgen und als Abschluß der Paschafeier gebetet. Mit diesem Gebet beendete Jesus das Letzte Abendmahl (vgl. Mk 14,26).
Es wurde zum Vorbild für die Entstehung christlicher Dankeslieder und Litaneien. An diesem Psalm läßt sich erkennen, daß der Christ für alles danken soll, was Gott ihm als Glied der Kirche an Gutem gewährt.

Sie rufen (wieder) und singen: Dankt dem Herrn (Jer 33,10f).
Der Herr, dein Gott, ist dein Lobgesang (Dtn 10,20).
Jauchzt, ihr Himmel, denn der Herr hat Jakob erlöst (Jes 44,23–28).
Dankt dem Herrn, denn er ist gütig (Ps 107,1–43).
Gepriesen sei der Gott und Vater unseres Herrn Jesus Christus, der Vater des Erbarmens (2 Kor 1,3–7).
Wir danken dir, Herr und Gott (Offb 11,17f).
Wir wollen uns freuen und jubeln (Offb 19,1–8).

Leitwort der 3. Woche

Aus der Tiefe rufe ich, Herr, zu dir. Ps 130,1

Auf ergreifende Weise spricht sich die vielfältige Not des Menschen in den Psalmen aus: Krankheit, Todesnot, Verleumdung, ungerechte Bedrückung und Ausbeutung, Bedrohung durch Seuchen, Mißernten, Krieg und Niederlagen. Diese Not ist um so bedrängender, weil Gott als der Herr seines Volkes diese Heimsuchungen zuläßt und oft lange schweigt. Mitten in dieser Not aber erfährt der angefochtene Beter Gottes Treue. Darum auch dankt er oft bereits, bevor er noch Gottes Hilfe erfahren hat.
Wir Christen können von den Betern der Psalmen lernen, mit all unseren Nöten zu Gott zu gehen und unbedingt darauf zu vertrauen, daß unser Gebet erhört werden wird. Durch die Auferstehung Christi ist die Not dieser Welt zudem grundsätzlich zum Guten hin verwandelt.

3. Woche: Gott, der Heiland des Menschen in der Not

15

Unsere Tage zu zählen, lehre uns. Ps 90,1–17

Angesichts der Ewigkeit Gottes erfährt der gläubige Mensch sein Leben als kurz, hinfällig, mühselig und vergänglich. Er weiß auch, daß diese Art belasteten Lebens nicht aus der Hand des guten Schöpfers hervorging, sondern mit der Schuld des Menschen und mit der Strafe Gottes zusammenhängt. So bittet er für sein Leben um den Schutz und Segen Gottes und fordert dazu auf, im Blick auf die Kürze des Lebens und auf das letzte Urteil Gottes weise zu leben.
Um diese Weisheit, unser Leben verantwortlich und sinnvoll zu führen, sollen auch wir Christen bitten, damit in unserer unruhigen und richtungslosen Zeit unser Leben zu seinem endgültigen Ziel findet.

Der Mensch flieht wie ein Schatten (Ijob 14,1–12).
Denk daran, daß mein Leben nur ein Hauch ist (Ijob 7,1–10).
Es gibt keine Macht über den Sterbetag (Koh 8,7f).
Der Gebildete hat Augen im Kopf (Koh 2,11–26).
Denk daran, daß der Tod nicht säumt (Sir 14,12–19).
Noch in dieser Nacht wird man dein Leben von dir zurückfordern (Lk 12,13–21).
Sie haben Mose und die Propheten, auf die sollen sie hören (Lk 16,19–31).

16

Herr, verlaß mich nicht, eile mir zu Hilfe. Ps 38,2–22

Ein Schwerkranker, den seine Freunde im Stich gelassen haben, weil sie ihn als von Gott getroffen ansehen, bittet Gott um seine Hilfe. Er weiß um seine Sündigkeit, er ist bereit, auch Züchtigung zu erdulden; er ist aber unfähig, Gottes Fernstehen zu ertragen. So stellt er sein ganzes Geschick vertrauensvoll Gott anheim, weil er weiß, daß Gott die herzlosen Gegner nicht über ihn triumphieren lassen wird.
Aus dem Beispiel dieses heimgesuchten Beters können wir lernen, wie wir uns in Not und Heimsuchung voll Vertrauen Gott übergeben, zugleich aber diese Not als Anlaß zur Umkehr benützen sollen.

Herr, du hast mich aus der Tiefe gezogen (Ps 30,2–8).
Wer auf dich hofft, Herr, soll durch mich nicht scheitern (Ps 69,2–21.30–37).
Meine Hilfe und mein Retter bist du, Herr! (Ps 70,2–6).
Weise mir, Herr, deinen Weg – gib deinem Knecht wieder Kraft (Ps 86,1–17).
Warum verbirgst du dein Gesicht vor mir? (Ps 88,2–19).
Raff mich nicht weg in der Mitte des Lebens (Ps 102,2–13.24–29).
Der Herr ist meine Kraft und mein Schild (Ps 28,1–9).
Wenn du willst, kannst du mich rein machen (Mk 1,40).
Mein Sohn, deine Sünden sind dir vergeben (Mk 2,1–12).
Sohn Davids, hab Erbarmen mit mir (Mk 10,46–52).
Alles kann, wer glaubt (Mk 9,14–29).
Betet und bittet, um was ihr wollt, glaubt nur, daß ihr es schon erhalten habt, und es wird euch zuteil (Mk 11,24).
Es soll geschehen, wie du geglaubt hast (Mt 8,5–13).
Herr, dein Freund ist krank (Joh 11,1–44).

17

Herr, tu mir mein Ende kund und die Zahl meiner Tage. Ps 39,2–14

Der Beter, wohl von schwerer Krankheit heimgesucht und deshalb wegen der Nutzlosigkeit seiner Frömmigkeit von Gottlosen verspottet, wartet voll Vertrauen auf Gottes Beistand. Er bittet um die Kraft, voll Mut seinem Ende entgegensehen zu können, und versucht, Gott zu bewegen, die Heimsuchung zu lindern. Aber er erhebt keine Anklage gegen Gott, obwohl es in Israel noch keine Jenseitshoffnung gibt, da eine entsprechende Offenbarung bis dahin fehlte. Er weiß dennoch, daß Jahwe gut ist gegen seine Getreuen.
Dieser Beter gehört in die große Schar der Heimgesuchten, die auch im Dunkel des Leids auf Gott hoffen, wie es dann vor allem Jesus tat. Aus dem „Du hast es so gefügt" wurde im Munde Jesu: „Dein Wille geschehe". In diese Haltung der Hingabe will uns dieser Psalm einüben.

Der Herr hat gegeben, der Herr hat genommen; gelobt sei der Name des Herrn (Ijob 1,21).
Nehmen wir das Gute an von Gott, sollen wir dann nicht auch das Böse annehmen? (Ijob 2,9–10).
Die Seelen der Gerechten sind in Gottes Hand (Weish 3,1–9).
Ich muß mit einer Taufe getauft werden, und wie sehr bin ich bedrückt, solange sie noch nicht vollzogen ist (Lk 12,50).
Vater, wenn du willst, nimm diesen Kelch von mir (Lk 22,42–45).
Wen der Herr liebt, den züchtigt er (Hebr 12,4–11).

18

Mein Gott, mein Gott, warum hast du mich verlassen? Ps 22,2–32

Dieses Klage- und Bittgebet eines unschuldig verfolgten, armen und kranken Frommen, der das Leiden in seiner ganzen Bitterkeit erfuhr, gewann erst im Mund Jesu seine volle Ausdruckskraft und Dichte. Die Not des unschuldig leidenden Knechtes Gottes (Jes 52,13 bis 53,12), der stellvertretend für viele Sühne und Heil erwirkte, hat hier in diesem Gebet erschütternden Ausdruck gefunden. Dieses Gebet spricht zugleich aus, was all jene Unschuldigen leiden, hoffen und bewirken, die im Lauf der Geschichte Schicksalsgenossen Jesu wurden.

Die Bilder der Verse 13 und 14.17–18.22 beziehen sich auf die Verfolger des Beters. Zu beachten ist, daß der Beter mitten im Gebet die Gewißheit erfährt, daß Gott ihn retten wird (V. 24f) und daß sein Leiden nicht nur allen hilft, die ähnlich heimgesucht werden (V. 26f), sondern daß es auch zum Heil aller Menschen dient (V. 28).

Der Herr warf all unsere Sünden auf ihn (Jes 52,13 – 53,12).
Sie werden auf den blicken, den sie durchbohrt haben (Sach 12,10 – 13,1).
Das ist mein Blut, das Blut des Bundes, das für viele vergossen wird (Mk 14,24).
Jesus rief mit lauter Stimme: Mein Gott, mein Gott, warum hast du mich verlassen? (Mk 15,34).
Obwohl er der Sohn war, hat er durch Leiden den Gehorsam gelernt (Hebr 5,5–10).
Denn es war angemessen, daß Gott den Urheber des Heils durch Leiden vollendete (Hebr 2,5–10).
Christus hat für euch gelitten und euch ein Beispiel gegeben (1 Petr 2,21–25).

3. Woche: Gott, der Heiland des Menschen in der Not

19

Aus der Tiefe rufe ich, Herr, zu dir. Ps 130,1–8

Ein Mensch in äußerster Not – das Bild vom Ertrinken weist darauf hin – bittet Gott demütig um Hilfe. Worin die Not besteht, wird nicht gesagt; statt dessen ist der Grund dieser Lebensbedrohung genannt: es ist die Sünde, die Schuld, die von Gott, dem Urheber und Quell des Lebens, trennt. Zugleich weiß aber der Beter aus der Glaubensüberlieferung Israels, daß der Bundesgott Erbarmen übt und zum Vergeben bereit ist. So wartet er voll Vertrauen und Sehnsucht auf Gottes Antwort und überläßt es zugleich Gott, wie er antworten will.

Diese Haltung soll – wie der Schlußvers sagt – das ganze Volk Gottes sich zu eigen machen. Denn Gottes Heil setzt die Umkehr der Menschen voraus.

Mich erschreckten die Fluten des Verderbens (Ps 18,4–7).
Aus der Tiefe der Unterwelt schrie ich um Hilfe (Jon 2,3–10).
Zwischen euch und eurem Gott stehen eure Vergehen (Jes 59,2–9).
Du hast uns deine Treue bewiesen; wir aber haben gesündigt (Neh 9,6–37).
Johannes verkündigte überall Umkehr und Buße zur Vergebung der Sünden (Lk 3,3–18).
Kehrt um, und glaubt an das Evangelium (Mk 1,15).
Deine Sünden sind dir vergeben (Lk 7,36–50).
Jesus, denk an mich (Lk 23,39–43).

20

Erschaffe mir, Gott, ein reines Herz. Ps 51,3–19

In diesem Gebet spricht ein Frommer, den eine Krankheit zum Umdenken und zur Erkenntnis der bis in die Tiefe reichenden Sündigkeit des Menschen brachte. Er ist betroffen darüber, daß er sich gegen Gott gewendet und Dinge getan hat, die Gott mißfallen. Er ist wie ein Aussätziger, der rituell gereinigt werden muß (vgl. zu V. 9 die Vorschrift Lev 14,2 ff). Diese Erkenntnis hat ihm Gott gnadenhaft geschenkt. Darum auch weiß er, daß äußere Gaben hier nicht helfen können. Gott selbst muß eingreifen, die Sünde vergeben und ihm ein neues Herz, eine neue Gesinnung schenken durch die Gabe seines Geistes.

Diese Bitte hat sich im Neuen Bund erfüllt. Jeder Getaufte erhält die Vergebung seiner Sünden und die Gabe des Geistes. Der Christ kann dadurch einsichtig werden und mit Gottes Gnade so leben, wie Gott will.

Dieses Gebet hat neutestamentlichen Charakter. Darum nahm es die Kirche in die Bußliturgie auf (der Psalm gehört mit Ps 6; 32; 38; 102; 130 und 143 zu den sieben Bußpsalmen).

Herr, strafe mich nicht in deinem Zorn (Ps 6).
Wohl dem, dessen Frevel vergeben ist (Ps 32).
Ich bekenne meine Schuld (Ps 38).
Würdest du, Herr, unsere Sünden beachten (Ps 130).
Geh mit deinem Knecht nicht ins Gericht (Ps 143).
Vater, ich habe mich gegen den Himmel und gegen dich versündigt (Lk 15,11–32).
Gott, sei mir Sünder gnädig (Lk 18,9–14).
Als die Sünde mächtig wurde, ist die Gnade übergroß geworden (Röm 5,12–21).
Gott hat uns durch Christus mit sich versöhnt (2 Kor 5,11–21).

21

Zeige mir, Herr, deine Wege. Ps 25,1–21

Ein um seiner Treue zu Gott willen angefochtener und befehdeter Gläubiger bittet um Vergebung für sein Versagen, vor allem aber um Erkenntnis des Willens Gottes und um die Führung auf dem rechten Weg. Er vertraut sich ganz Gott an, weil er weiß, daß alle Wege, die Gott führt, von seiner Güte und Sorge ausgesucht sind. So ist der Beter gleichzeitig Zeuge für Gottes Güte und Treue.
Auch wir Christen können nichts Besseres tun, als uns vorbehaltlos und demütig Gott anvertrauen, um durch ein gläubiges und gehorsames Leben Gottes Zeuge zu sein in einer gottfremden, ratlosen Welt.

Mit ganzem Herzen vertrau auf den Herrn (Spr 3,5f).
Vertrau auf Gott, er wird deine Wege ebnen (Sir 2,6).
Den Weg der Weisheit zeige ich dir (Spr 4,11f).
Den Herrn, deinen Gott, sollst du fürchten, ihm sollst du dienen (Dtn 6,13).
Gott hat uns geschenkt, daß wir ihm furchtlos dienen (Lk 1,68–79).
Ich bin der Weg (Joh 14,4–6).
Werft eure Zuversicht nicht weg (Hebr 10,19–25.32–39).
Suche den Frieden, und jage ihm nach (1 Petr 3,8–12).

Leitwort der 4. Woche

Du bist mein Gott!
In deiner Hand liegt mein Geschick. Ps 31,15

Weil der Gott Israels, der wirkliche, alleinige Gott, sich als gerechter und gütiger Helfer der Menschen seines Volkes in Schöpfung und Erwählung erwiesen hat, darum darf jedes Glied seines Volkes ihm vertrauen. In dem Maße, in dem er diesem Gott vertraut, wird er Gottes wunderbares Walten erfahren. So gewinnt der Glaubende die Zuversicht, in allen Lagen Gott anrufen und im Vertrauen auf Gottes Hilfe allem standhalten zu können. Das Staunen, der Dank und die Freude sprechen sich in den Psalmen überzeugend aus.
Die Beter der Psalmen rufen auch uns, die Glieder des neuen Volkes Gottes, auf, unser Leben ebenso unbedingt dem Gott der Offenbarung anzuvertrauen.

22

Du bist mein Fels und meine Burg. Ps 31,2–25

In diesem Psalm legt ein Mensch, der sich leiblich und seelisch in äußerster Not befindet, sein Leben ganz in die Hände Gottes. Er weiß sich in Gottes Treue und Liebe geborgen. Gott ist ihm eine Festung gegen jede Art von Bedrohung, auch gegen das hämische Aburteilen und Spötteln seiner Mitmenschen.
Jesus hat dieses Gebet als sein Sterbegebet am Kreuz verwendet (Lk 24,36). Dadurch gewinnt es für uns Christen verpflichtenden Charakter als Ausdruck der Hingabe und des Vertrauens an die Vorsehung Gottes.

Wer mir vertraut, wird meinen heiligen Berg besitzen (Jes 57,13).
Der Herr lasse sein Angesicht über dich leuchten (Num 6,24–27).
Der Herr erweist denen seine Huld, die ihn lieben (Dtn 7,9).
Vater, in deine Hände lege ich meinen Geist (Lk 23,46).
Herr Jesus, nimm meinen Geist auf (Apg 7,59).
Gott führt bei denen, die ihn lieben, alles zum Guten (Röm 8,28).
Gott hat versprochen: Ich verlasse dich nicht (Hebr 13,5f).

23

Wunderbar handelt der Herr an den Frommen.

Ps 4,2–9

Das traditionelle Abendgebet der Kirche (wegen Vers 9) ist ursprünglich das Bekenntnis eines gläubigen Menschen, der Gottes Hilfe vielfältig erfuhr und der deshalb voll Vertrauen und in innerem Frieden lebt, auch wenn die Umstände Furcht erwecken könnten. Wer sich Gott anvertraut, wird erfahren, daß sein Vertrauen sich bewährt, und er wird daraus Zuversicht, Gelassenheit und Frieden für sein Leben gewinnen.

Israel siedelte sich sicher an (Dtn 33,26–29).
Friede ist auf der Erde bei den Menschen, die Gott liebt (Lk 2,14).
Wenn doch auch du … erkannt hättest, was dir Frieden bringt (Lk 19,42).
Friede sei mit euch (Joh 20,20f).
Der Friede Gottes, der alles Verstehen übersteigt, wird eure Herzen … in der Gemeinschaft mit Christus bewahren (Phil 4,6f).
Die Frucht des Geistes ist Liebe, Freude, Friede (Gal 5,22).

24

Herr, mein Gott, du bist meine Hoffnung von Jugend auf.

Ps 71,1–24

Ein im Dienst Gottes altgewordener Sänger und Beter, der sein Leben in den Dienst des Gotteslobes stellte, bekennt hier voll Dank seine Erfahrungen mit diesem Gott und bittet zugleich um weiteren Beistand für sein Alter. Auch im Alter will er Gott loben und bekennen. Ein großartiges Zeugnis religiöser Lebensgestaltung, das jedem Christen als Leitbild und als Lobgebet dienen kann und will.

Nie sah ich einen Gerechten verlassen (Ps 37,22–28).
Betet der Fromme zu Gott, so ist er ihm gnädig (Ijob 33,14–30).
Die dem Herrn vertrauen, schöpfen neue Kraft (Jes 40,28–31).
Dem Gottesfürchtigen geht es am Ende gut (Sir 1,11–20).
Weder Tod noch Leben können uns trennen von der Liebe Gottes in Christus Jesus (Röm 8,38).
Glaube ist: Feststehen in dem, was man erhofft (Hebr 11,1).
Der Tod wird nicht mehr sein (Offb 21,3f).

25

Wer im Schutz des Höchsten wohnt. Ps 91,1–16

Dieses Vertrauenslied eines Gläubigen entfaltet, was es heißt, in Gottes Liebe und Sorge geborgen zu sein. Sicher gehen diese Segenszusagen nicht immer wörtlich in Erfüllung, jeder wirklich Gläubige hat aber nicht nur einmal die Erfahrung wunderbarer Führung und Bewahrung gemacht. Die Liebe Gottes wird dabei zugleich als Mitteilung von Friede, Vertrauen und Geborgenheit erfahren. Gaben, die helfen, jeder Art von Unglück und Bedrohung mit Gelassenheit zu begegnen.

Der Sorge Gottes muß jedoch auf Seite des Glaubenden Gehorsam gegen den Willen und die Führung Gottes entsprechen. Gläubige Einfalt darf nicht mit naiver Leichtfertigkeit verwechselt werden.

Das Haus des Gerechten hat Bestand (Spr 12,7).
Gesegnet der Mann, der auf den Herrn vertraut (Jer 17,7f).
Du wirst dein Leben als Beute erhalten, weil du auf mich vertraut hast (Jer 39,17).
Wie ein Adler hütete der Herr sein Volk (Dtn 32,8–12).
Wie ein Vogel mit ausgebreiteten Flügeln wird der Herr Jerusalem schützen (Jes 31,5).
Wie ein Hirt führt der Herr seine Herde (Jes 40,10f).
Fürchte dich nicht, du gehörst mir (Jes 43,1–7).
Meine hilfreiche Gnade bleibt für immer bestehen (Jes 51,4–8).
Du sollst den Herrn, deinen Gott, nicht versuchen (Mt 4,6f).
Ich bin nicht allein, der Vater ist bei mir (Joh 16,32).

26

Danket dem Herrn, denn er ist gütig. Ps 107,1–43

Dieses Danklied schildert auf eindrucksvolle Weise, wie das alte Volk Gottes und wie der einzelne Israelit Gottes rettende Macht und nie erlahmende Güte in den verschiedensten Nöten erfahren hat und immer neu erfährt. Genannt werden Wüste, Gefangenschaft und Verschleppung durch feindliche Mächte, schwere Krankheit und Seenot. Zugleich wird darauf hingewiesen, wie der Bundesgott immer neu eine gute Zukunft für das Volk wie auch für bedrängte Glieder dieses Volkes eröffnet hat.
Wir Christen, die im Weg Jesu und auch in der Geschichte der Kirche und ihrer Heiligen Gottes wunderbare Führungs- und Rettungsmacht erfahren haben, können in dieses Danklied vollen Herzens einstimmen. Es ermutigt uns zugleich zu unbedingtem Vertrauen in die Güte dieses Heilands-Gottes.

Ich bin der Herr, dein Arzt (Ex 15,26).
Er hat verwundet, er wird verbinden (Hos 6,1f).
Sie leiden weder Hunger noch Durst (Jes 49,9–13).
Ich will das Volk heilen, führen und trösten (Jes 57,17–19).
Sagt den Verzagten: Habt Mut, fürchtet euch nicht (Jes 35,3–10).
Ich bin der Heilige und wohne in der Höhe, aber ich bin auch bei den Zerschlagenen und Bedrückten (Jes 57,15–18).
Kommt alle zu mir, die ihr euch plagt und schwere Lasten zu tragen habt: Ich werde euch Ruhe verschaffen (Mt 11,28).
Aus der Fülle Jesu haben wir alle empfangen, Gnade über Gnade (Joh 1,14.16).
Ich bin das Brot des Lebens, wer zu mir kommt, wird nicht mehr hungern, und wer an mich glaubt, wird nicht mehr dürsten (Joh 6,35).

27

Das Erbarmen des Herrn waltet über all seinen Werken. Ps 145,1–13

Die Herrschaft Gottes wird von seinem Volk als eine Herrschaft der Güte, der wunderbaren Führung, des Schutzes in allen Nöten, der Gerechtigkeit und der Hoffnung erfahren. Darin offenbart sich die Herrscherlichkeit und Herrlichkeit Gottes.
Diese Erfahrung wurde vertieft durch das Kommen und Wirken Jesu. In seinem Leben und Sterben hat sich das Königtum Gottes auf eine unerwartete und wunderbare Weise offenbart. Das Lob dieses Königs gehört darum zu den Wesensaufgaben seines Volkes. Der Lobgesang: Großer Gott, wir loben dich! hat wichtige Aussagen dieses Psalms aufgegriffen und übernommen.

Gott tut Großes und Unergründliches (Ijob 5,8–27).
Herr, du bist mein Gott, ich will dich rühmen und preisen; denn du hast wunderbare Pläne verwirklicht (Jes 25,1).
Das Reich des Herrn ist ein ewiges Reich (Dan 3,100).
Ich preise dich, Vater, Herr des Himmels und der Erde, daß du all das den Unmündigen offenbart hast (Mt 11,25–27).
O Tiefe des Reichtums, der Weisheit und der Erkenntnis Gottes (Röm 11,33–36).
Dem einen, weisen Gott sei Ehre durch Jesus Christus (Röm 16,25–27).
Groß und wunderbar sind deine Werke, Herr, Gott und Herrscher über die ganze Schöpfung (Offb 15,3–4).

28

Wohl dem, der seine Hoffnung auf den Herrn, seinen Gott, setzt. Ps 146,1–10

Aufgrund eigener Erfahrung bekennt der Beter dieses Psalms, daß der Gott der Offenbarung und des Bundes der einzige und letzte zuverlässige Grund menschlicher Hoffnung in den Gefahren des Lebens ist. Als der Herr über das Leben ist dieser Gott zugleich der Anwalt und Helfer aller Menschen, die sich in Not befinden. So mündet dieses Bekenntnis zuletzt in die Aufforderung, diesen Gott zu loben, zu bekennen und ihm zu danken.
In diesem Dankgebet läßt sich bereits ahnen, wie dieser Gott sich endgültig offenbaren wird. In Jesus Christus, dem Anwalt aller Menschen in Not, erreichte die Offenbarung seiner Güte und Heilssorge ihren Höhepunkt und ihre Vollendung.

Staub bist du, zum Staub mußt du zurück! (Gen 3,19).
Ich, der Herr, habe dich gerufen, um alle, die im Dunkel sitzen, aus ihrer Haft zu befreien (Jes 42,6–7).
Der Herr hat mich gesalbt, alle zu heilen, deren Herz zerbrochen ist (Jes 61,1–2a).
Verflucht der Mann, der auf Menschen vertraut und dessen Herz sich abwendet vom Herrn (Jer 17,5–8).
Jesus schlug das Buch auf und las: Der Herr hat mich gesandt, ein Gnadenjahr des Herrn auszurufen (Lk 4,16–21).
Selig, die ihr jetzt weint; denn ihr werdet lachen! (Lk 6,20–26).
Er hat unsere Leiden auf sich genommen (Mt 8,16f).
Armen wird das Evangelium verkündet (Mt 11,2–5).
Jesus von Nazaret zog umher … und heilte alle (Apg 10,37–43).

Leitwort der 5. Woche

**Wohl dem Mann,
der Freude hat an der Weisung des Herrn.** Ps 1,1

Der gefallene Mensch weiß nicht, was gut für ihn ist; er bedarf der Weisung Gottes, um den rechten Weg zu finden. Darum ist der Fromme des Alten Bundes dankbar für Gottes Gebote. Er sieht in ihnen nichts Hemmendes, sondern Wegweisungen zum Heil, zum Gelingen des eigenen Lebens. Nicht wenige Psalmen sprechen vom Sinn und Segen der Weisungen Gottes und danken für Gottes Führung.
Für uns Christen fanden die Wegweisungen Gottes in den Worten und im Beispiel Jesu ihre Läuterung, Zusammenfassung und Vollendung. Wer auf Jesus hört und schaut, wird den Weg zum Leben finden.

29

Die Weisung des Herrn erquickt den Menschen. Ps 19,8–15

Wie die Sonne die Welt erleuchtet, so will Gott durch seine Offenbarungen und Weisungen den Weg des Menschen zu Glück und Leben aufzeigen und erhellen.
Aus den Schriften des Alten und Neuen Bundes wie aus den Erfahrungen der Heiligen erkennen wir, welche Wege für uns heilsam und glückbringend, welche Ziele sinnvoll und erstrebenswert sind. Wer nach Gottes Weisungen lebt, ist wirklich weise.

Halte dich nicht selbst für weise, fürchte den Herrn (Spr 3,5–7).
Anfang der Weisheit ist die Gottesfurcht (Sir 1,11–20).
Besser ist es, arm an Klugheit und gottesfürchtig zu sein, als das Gesetz zu übertreten (Sir 19,20–25).
Der Geist der Weisheit läßt sich auf den Wurzelsproß Isais nieder (Jes 11,1f).
Der Geist des Herrn ruht auf mir (Lk 4,18f).
Ich bin nicht gekommen, um das Gesetz oder die Propheten aufzuheben, sondern um sie zu erfüllen (Mt 5,17f).
An diesen beiden Geboten hängt das ganze Gesetz samt den Propheten (Mt 22,34–40).
Wer den Willen Gottes erfüllt, der ist für mich Bruder, Schwester und Mutter (Mk 3,35).
Wenn ihr meine Gebote haltet, bleibt ihr in meiner Liebe ... Das ist mein Gebot: Liebt einander, so wie ich euch geliebt habe (Joh 15,9–17).

30

Das Wort des Herrn ist wahrhaftig. Ps 30,1–22

Dieses Danklied besingt das mächtige Walten Gottes in Schöpfung und Geschichte. Er lenkt durch sein Wort die Geschichte zum Guten; er prüft die Menschen, ob sie seinem Wort vertrauen und sich danach richten. Durch sein Wort wissen die, die Gottes Offenbarung vertrauen, um Gottes Ziele und um die Motive, die sein Handeln bestimmen.
Die endgültige Offenbarung Gottes erfolgte in seinem abschließenden Wort, seinem Sohn Jesus Christus. Um dieses Wort Gottes zu wissen und ihm vertrauen zu dürfen, das macht unser Leben reich und tief.

Liebe den Herrn, höre auf seine Stimme und halte dich an ihm fest; denn er ist dein Leben (Dtn 30,20).
Du hast das All durch dein Wort gemacht; den Menschen hast du durch deine Weisheit erschaffen (Weish 9,1–3).
Ich blicke auf den, der erzittert vor meinem Wort (Jes 66,1–2).
Das Wort ist Fleisch geworden ..., und wir haben seine Herrlichkeit gesehen (Joh 1,1–14).
In Christus wurde alles erschaffen (Kol 1,15–20).
Zuletzt sprach Gott zu uns durch seinen Sohn (Hebr 1,1–3).
Sein Name heißt: Das Wort Gottes (Offb 19,11–16).

31

Gott verkündet Jakob sein Wort ... An keinem Volk hat er so gehandelt. Ps 147,1–20

Dieses Loblied auf Gott, den Schöpfer und Offenbarer, der durch sein Wort alles zum Guten lenkt, weist auf die Würde und Gnade hin, um diesen Gott zu wissen, seinen Willen und seine Pläne zu kennen und sich ihm anvertrauen zu dürfen.
Daß wir Gott gleichsam ins Herz schauen dürfen, das verdanken wir seinem Wort, das seine endgültige Verleiblichung fand in Jesus Christus.

Welches große Volk hätte Götter, die ihm so nahe sind, wie Jahwe, unser Gott, uns nahe ist? (Dtn 4,7f).
Das Wort unseres Gottes bleibt in Ewigkeit (Jes 40,8).
Das Wort, das meinen Mund verläßt, bewirkt, was ich will (Jes 55,9–12).
Der Mensch lebt von jedem Wort, das aus Gottes Mund kommt (Mt 4,4).
Die Worte, die ich zu euch gesprochen habe, sind Geist und Leben (Joh 6,63–69).
Wer mein Wort hört und dem glaubt, der mich gesandt hat, der ist aus dem Tod ins Leben hinübergegangen (Joh 5,24).
Ihr seid stark, und das Wort Gottes bleibt in euch (1 Joh 2,14).

32

Der Herr hat ein Gedächtnis an seine Wunder gestiftet. Ps 111,1–10

Auch in den großen Taten der Erwählung, der Rettung und Führung seines Volkes spricht sich der Heilswille Gottes aus. Das alte Volk Gottes gedenkt dieser Heilsoffenbarungen seines Gottes in der Verkündigung wie auch bei der Feier der Bundes- und Erlösungsfeste. Der Psalm denkt hier vor allem an die wunderbare Speisung des Volkes Gottes in der Wüste.
Die Kirche hat diese Aussage auf die Eucharistiefeier bezogen, auf das Mahlgedächtnis des Todes ihres Herrn. So sind die Feste der Kirche nicht nur Ausdruck des Dankes des Gottesvolkes, sondern zugleich Aufruf, diesem Gott die Treue zu halten und sich nach seinem Willen auszurichten.

Der Herr hat uns verpflichtet, all diese Gebote zu halten ... damit er uns Leben schenkt (Dtn 6,17–25).
Du sollst das Wochenfest feiern, das Fest der Weizenernte und das Fest der Lese (Ex 34,6–27).
Ihr sollt mir als ein Reich von Priestern und als ein heiliges Volk gehören (Ex 19,3–6).
Tut dies zu meinem Gedächtnis (1 Kor 11,23–25).
Laßt uns an dem unwandelbaren Bekenntnis der Hoffnung festhalten (Hebr 10,19–25).
Du hast Menschen aus allen Völkern für unsern Gott zu Priestern und Königen gemacht (Offb 4,8–10).

33

Dein Wort ist meinem Fuß eine Leuchte.

Ps 119,1–16.18.24.26.30–32.33–36.44–48.50.54–56.59–60.65–66. 71–72.79–80.89–94.96.97–100.103–104.105–107.111–112. 127–131.138–144.151–152.159–168.174–176

In diesem Psalm spricht ein theologisch geschulter, die Bibel des Alten Testaments liebender Frommer, der alle Aussagen des Alten Testamentes über das Wort und die Weisung des Bundesgottes gesammelt und im Anschluß an das hebräische Alphabet in 22 Strophen zu je 8 Versen kunstvoll zusammengestellt hat. Als Glied des Bundesvolkes leben heißt nach ihm, sich an das Wort Gottes halten und daraus zu leben versuchen. Das Verstehen und Tun des Wortes Gottes ist ihm wichtiger, als Opfer darzubringen oder gute Werke zu leisten. Es ist auch mehr als Vorschrift oder Gesetz: Es ist Ausdruck des Wesens Gottes, der Liebe ist und durch sein Wort Leben schenken will.
Jesus lebte im Gehorsam gegen die Weisung seines Vaters. Wer Christus nachfolgen will, muß sein Wort lieben und danach leben.
Der sehr lange Psalm wird am besten in einzelnen Strophen gebetet oder nach obiger Kürzung meditiert.

Ich beschloß, die Weisheit als Lebensgefährtin heimzuführen, denn ich wußte, daß sie mir guten Rat gibt und Trost in Sorge und Leid (Weish 8,2–9).
Alle Weisheit stammt vom Herrn; er spendet sie denen, die ihn fürchten (Sir 1,1–10).
Eines nur ist notwendig; Maria hat das Bessere gewählt (Lk 10,38–42).
Selig sind, die das Wort Gottes hören und befolgen (Lk 11,28).

34

Wohl dem Mann, der Freude hat an der Weisung des Herrn.

Ps 1,1–6

Dieses Lied eines Weisheitslehrers beschreibt, was die Weisung Gottes dem Menschen schenkt, der nach ihr lebt. Hier wird in einem großartigen Bild gesagt, was Schriftlesung und ein Leben nach dem Wort Gottes dem Glaubenden vermitteln: ursprüngliches, unerschöpfliches, fruchtbares Leben.
Diese Aussage hat sich im Leben der Frommen und Heiligen vielfältig bewahrheitet, vor allem im Leben Jesu, der von sich bekannte, aus dem Wort seines Vaters zu leben.

Der Mann, dessen Hoffnung der Herr ist, gleicht einem Baum, der am Wasser gepflanzt ist (Jer 17,7f).
Ich bin voll Kraft, erfüllt vom Geist des Herrn (Mich 3,8).
Jeden Morgen weckt Gott, der Herr, mein Ohr, damit ich auf ihn höre, wie ein Jünger (Jes 50,4–8).
Ich lege meine Worte in deinen Mund; du sollst ausreißen und niederreißen, aufbauen und einpflanzen (Jer 1,9–10).
Ich bin die Magd des Herrn; mir geschehe nach deinem Wort (Lk 1,38).
Meine Speise ist es, den Willen dessen zu tun, der mich gesandt hat (Joh 4,34).
Ich vertraue euch Gott und dem Wort seiner Gnade an, das die Kraft hat, aufzubauen und das Erbe in der Gemeinschaft der Geheiligten zu verleihen (Apg 20,32).

35

Deinen Willen zu tun, mein Gott, macht mir Freude, deine Weisung trag' ich im Herzen. Ps 40, 2–12

Dieses Dank- und Bekenntnislied eines wunderbar aus Todesnot geretteten Frommen ist uns Christen dadurch besonders teuer, weil der Hebräerbrief (10, 5 f) damit das Leben und die Gesinnung Jesu deutet. Darum sollten wir Christen diesen Psalm nicht nur gerne beten, sondern uns seine Gesinnung zur Lebensgrundlage machen.

Ich will auf den Herrn warten, auf ihn will ich hoffen (Jes 8, 17).
Der Herr fand Gefallen an seinem zerschlagenen Knecht; er rettete den, der sein Leben als Sündopfer hingab (Jes 52, 13 – 53, 12).
Ich lege mein Gesetz in sie hinein und schreibe es auf ihr Herz (Jer 31, 33 f).
Liebe will ich, nicht Schlachtopfer; Gotteserkenntnis, statt Brandopfer (Hos 6, 6).
Es ist dir gesagt worden, Mensch, was der Herr von dir erwartet (Mich 6, 8).
Der Menschensohn ist gekommen, um zu dienen und sein Leben hinzugeben als Lösegeld für viele (Mk 10, 45).
Wenn ich, der Meister und Herr, euch die Füße gewaschen habe, müßt auch ihr einander die Füße waschen (Joh 13, 13–15).
Christus spricht bei seinem Eintritt in die Welt: Ja, ich komme, um deinen Willen, Gott, zu tun (Hebr 10, 5).
Christus hat für euch gelitten und euch ein Beispiel gegeben (1 Petr 2, 20–23).

Leitwort der 6. Woche

Verleih dein Richteramt, o Gott, dem König. Ps 72,1

In den Psalmen meldet sich auch früh die Hoffnung zu Wort, Gott möge seinem bedrängten Volk bald den verheißenen Heilbringer senden. Von ihm wird erwartet, daß er der Gerechtigkeit zum Sieg verhilft in der Welt, die bösen Mächte überwindet, für die Armen und Elenden einsteht, der Anerkennung des wahren Gottes bei allen Völkern den Weg ebnet und Frieden und Heil der Welt schenkt.
Wir Christen glauben, daß dieser Heilbringer in Jesus von Nazaret in die Welt kam und das endgültige Heil Gottes allen Menschen anbot. Noch ist aber seine Herrschaft verborgen und nur den Glaubenden sichtbar. So werden die Psalmen zur Bitte, Gott möge seine Herrschaft durch Jesus Christus bald endgültig aufrichten und so der Welt zum vollen Heil verhelfen.

36

Die Gerechtigkeit blühe auf in seinen Tagen und großer Friede. Ps 72,1–19

Der Beter dieses Psalms bittet Gott darum, den verheißenen Heilskönig aus dem Haus Davids zu senden, damit er Gerechtigkeit und Frieden aufrichte in der ganzen Welt und die Schöpfung zu ihrer Vollendung führe und daß dieser Heilszustand dann für immer daure. Wer die auch heute fortdauernde Not so vieler Menschen, wer das Unrecht und die Friedlosigkeit sieht, die in der Welt herrschen, kann sich diese Bitte nur zu eigen machen aus der Erfahrung heraus, daß der Mensch, gerade auch der moderne, aus eigener Kraft unfähig ist, selbst Frieden und Heil für alle Menschen auf Dauer zu schaffen.

Dein Haus und dein Königtum sollen durch mich auf ewig bestehen bleiben (2 Sam 7,8–16; vgl. 1 Chr 17,16).
Die Jungfrau wird einen Sohn gebären, und sie wird ihm den Namen Immanuel geben (Jes 7,14f).
Ein Kind ist uns geboren. Seine Herrschaft ist groß, und der Friede hat kein Ende (Jes 9,5f).
Juble laut, Tochter Jerusalem! Siehe, dein König kommt zu dir. Er ist demütig. Er verkündet für die Völker den Frieden (Sach 9,9–10).
Ihm sollst du den Namen Jesus geben; denn er wird sein Volk … erlösen (Mt 1,20–23).
Dein Sohn, Jesus … wird über das Haus Jakob in Ewigkeit herrschen (Lk 1,28–35).
Sagt der Tochter Zion: Siehe, dein König kommt zu dir (Mt 21,5–9).
Über seinem Kopf hatten sie eine Aufschrift angebracht: Das ist Jesus, der König der Juden (Mt 27,37).
Das ist der von Gott eingesetzte Richter der Lebenden und der Toten (Apg 10,38–43).

6. Woche: Der Christ unter der Herrschaft des Gesalbten Gottes

37

Ich selber habe meinen König eingesetzt auf Zion. Ps 2,1–12

Aus der Gewißheit heraus, daß Gott den verheißenen Messias sicher senden wird, bekennt sich der erste Beter des Psalms zur Hoffnung, daß Gott seine Herrschaft über die ganze Schöpfung endgültig durchsetzen wird. Dann wird sein Volk an dieser heilbringenden Herrschaft ewig teilhaben.
Wir Christen sind überzeugt, daß Jesus von Nazaret der Gesalbte Gottes ist, der durch Auferstehung und Himmelfahrt seine Herrschaft bereits ergriffen hat, und wir glauben, daß er diese Herrschaft des Heils allen Widerständen zum Trotz bald endgültig durchsetzen wird. Diese Hoffnung schenkt Kraft und Zuversicht, alles Widrige gläubig zu bestehen auf die Teilhabe an Gottes vollem Heil hin.

Er wird ihr Hirt sein in der Kraft des Herrn (Mich 5,1–4).
Seine Herrschaft reicht von Meer zu Meer (Sach 9,10).
Eine Stimme aus dem Himmel sprach: Du bist mein geliebter Sohn (Mk 1,11).
Gott hat Jesus auferweckt, wie es im zweiten Psalm heißt (Apg 13,32–41).
Christus ist erhoben über alle … Mächte und Herrschaften (Eph 1,20–22).
Gott hat den Sohn zum Erben des Alls eingesetzt (Hebr 1,2–3).
Jesus Christus ist der Herrscher über die Könige der Erde (Offb 1,5f).

38

Du bist Priester auf ewig nach der Ordnung Melchisedeks. Ps 110,1–7

Die Herrschaft des messianischen Königs wird in diesem Psalm als priesterliche gekennzeichnet. Gott selbst wird die Herrschaft des Messias durchsetzen in der Welt; dieser aber wird dann zum Haupt der erlösten Menschheit und als deren Priester der Mittler zwischen Gott und Mensch, der das Lob der Schöpfung ihrem Schöpfer ohne irdische Opfergaben darbringt. Durch ihn wird Gottes Segen auf die erlöste Menschheit übergreifen. Er selbst nämlich gehört seiner Herkunft und seinem Wesen nach auf die Seite Gottes.

Dieser Psalm spielte im frühchristlichen Denken, vor allem in der Auseinandersetzung mit den Juden, eine entscheidende Rolle, weil Jesus selbst durch diesen Psalm auf seine einzigartige Messiaswürde hingewiesen hatte.

Als Christen bekennen wir uns beim Beten dieses Psalms zu Jesus, unserem priesterlichen Herrn und Mittler, und bitten zugleich um die endgültige Durchsetzung seiner segensstiftenden Herrschaft.

Melchisedek, der König von Salem, brachte Brot und Wein heraus. Er war Priester des höchsten Gottes (Gen 14,18–20).

Dem Menschensohn wurden Herrschaft, Würde und Königtum gegeben (Dan 7,13f).

Der Herr hat mich gesandt, damit ich den Armen eine frohe Botschaft bringe (Jes 61,1–3).

David nennt den Messias Herr, wie kann er dann Davids Sohn sein? (Mk 12,35–37).

Dieser Jesus ist Hoherpriester nach der Ordnung des Melchisedeks (Hebr 6,20; 7,3.11.15–17).

39

Zieh aus mit Glück, kämpfe für Wahrheit und Recht. Ps 45,2–18

In diesem späten Lied bekennt ein israelitischer Frommer seine Hoffnung, daß der Messias bald zu seiner Braut, zum Volk Israel, kommen und sich ihr für immer anvertrauen wird. Im Bild einer Hochzeit wird die Heilszeit beschrieben, an der alle Glieder des Gottesvolkes (V. 17f) Anteil erhalten werden.
Die Kirche hat diese Aussage als prophetischen Hinweis auf Christus und seine Braut, die Kirche, verstanden. Sie bekennt mit diesem Lied ihren Glauben, daß sich Christus durch Tod und Auferstehung bereits seiner Kirche angetraut hat, und bittet zugleich, daß die endgültige Hochzeit nach der universalen Herrschaftsergreifung Christi bald stattfinden möge.

Durch dich sollen alle Völker der Erde gesegnet werden (Gen 12,1–3).
An jenem Tag traue ich dich mir an um den Brautpreis von Gerechtigkeit und Recht, von Liebe und Erbarmen (Hos 2,18–25).
Können die Hochzeitsgäste fasten, solange der Bräutigam bei ihnen ist? (Mk 2,19f).
Mit dem Himmelreich ist es wie mit zehn Jungfrauen, die ... dem Bräutigam entgegengingen (Mt 25,1–12).
Jesus wirkte in Kana das erste Zeichen seiner Herrlichkeit (Joh 2,1–12).
Wer die Braut hat, ist der Bräutigam (Joh 3,29).
Christus hat die Kirche geliebt und sich für sie hingegeben (Eph 5,25–27).
Ich sah die heilige Stadt, bereit wie eine Braut (Offb 21,2).
Der Geist und die Braut sagen: Komm! (Offb 22,17).

40

Der Herr ist mein Hirte. Ps 23,1–6

Auf großartige Weise spricht sich in diesem Psalm die Geborgenheit dessen aus, der sich Gott und seinem Heiland voll anvertraut. Er wird frei von falscher Furcht und Sorge, er weiß sich erwählt als Gast, der die Güte seines Gottes in überreichem Maß erfährt. Diese Aussage fand ihre dichteste Verwirklichung in der Einladung Christi zum eucharistischen Mahl. Als Tischgenosse des auferstandenen Herrn weiß sich der Christ bereits miteingeladen zur Teilnahme am ewigen Freudenmahl im Reich Gottes. So darf gerade der Christ diesen Psalm mit freudigem Herzen aus gläubiger Gewißheit heraus beten.

Ich bin mit dir [Jakob] und behüte dich, wohin du auch gehst (Gen 28,15).
Jakob sprach: Gott war mein Hirte mein Lebtag bis heute (Gen 48,15).
Der Herr … wird auf dem Berg Zion für alle Völker ein Festmahl geben (Jes 25,6–8).
Wie ein Hirt führt Gott seine Herde zur Weide (Jes 40,11).
Wie ein Hirt kümmere ich mich um meine Schafe (Ez 34,11–16).
Der Hirt geht dem verlorenen Schaf nach, bis er es findet (Lk 15,4–7).
Ich bin der gute Hirt; ich kenne die Meinen (Joh 10,11–16).
Jetzt seid ihr heimgekehrt zum Hirten und Bischof eurer Seelen (1 Petr 2,25).
Der Gott des Friedens hat Jesus, den erhabenen Hirten seiner Schafe, von den Toten heraufgeführt durch das Blut eines ewigen Bundes (Hebr 13,20).

41

Kostet und seht, wie gütig der Herr ist. Ps 34,2–23

Ein Lehrer der rechten Lebensweisheit fordert in diesem Psalm dazu auf, das Leben nach dem Willen Gottes auszurichten, und er verheißt, daß dann die Güte Gottes erfahren werden kann als Gabe, die das Leben köstlich und freudig macht. Der Engel Gottes ist Zeichen und Vermittler der gnädigen Gegenwart Gottes, die das Leben der Frommen umschirmt und reich macht.
Das, was hier dem Frommen des Alten Bundesvolkes gesagt wird, gilt im Neuen Bund allen, die Jesus als Jünger nachfolgen.

Befiehl dem Herrn dein Tun an, so werden deine Pläne gelingen (Spr 16,3).
Viele Pläne faßt das Herz des Menschen, doch nur der Ratschluß des Herrn hat Bestand (Spr 19,21).
Jeder meint, sein Verhalten sei richtig, doch der Herr prüft die Herzen (Spr 21,2).
Hänge am Herrn und weiche nicht ab, damit du am Ende erhöht wirst (Sir 2,1–11).
Sucht das Gute, dann werdet ihr leben (Am 5,14).
Wer meine Worte hört und danach handelt, ist wie ein kluger Mann, der sein Haus auf Fels baute (Mt 7,24f).
Ich bin das Licht der Welt; wer mir nachfolgt … wird das Licht des Lebens haben (Joh 8,12).
Segnet, denn ihr seid berufen, Segen zu erlangen (1 Petr 3,8–12).

42

Jauchzt vor dem Herrn, alle Länder der Erde, wenn er kommt, die Erde zu richten. Ps 98,1–9

Immer neu darf der Glaubende seinen Gott loben und ihm für seine großen Taten danken. Ihren Höhepunkt fanden diese Großtaten in der Auferweckung des Gekreuzigten und in der Mitteilung seines Geistes an das neue Volk Gottes. Das Handeln Gottes in der Geschichte aber zielt auf sein abschließendes Handeln am Ende der Zeit. Dieses Ende dürfen und sollen wir Christen voll Vertrauen und Sehnsucht herbeirufen, da dieses Ende die Volloffenbarung der Liebe unseres Gottes sein wird.

Alle Enden der Erde sehen das Heil unseres Gottes (Jes 52,10).
Ich erschaffe einen neuen Himmel und eine neue Erde. Ihr sollt euch ohne Ende freuen (Jes 65,17f).
Ihr werdet mein Volk sein, und ich werde euer Gott sein (Jer 31,18–23)
Für euch, die ihr meinen Namen fürchtet, wird die Sonne der Gerechtigkeit aufgehen (Mal 3,20).
Kommt her … und nehmt das Reich in Besitz, das bestimmt ist für euch seit der Erschaffung der Welt (Mt 25,31–46).
Wenn all das beginnt, dann richtet euch auf, und erhebt eure Häupter; denn eure Erlösung ist nahe (Lk 21,27f).
Wir erwarten, wie der Herr verheißen hat, einen neuen Himmel und eine neue Erde, in denen die Gerechtigkeit wohnt (2 Petr 3,13).
Dann sah ich einen neuen Himmel und eine neue Erde … Gott selbst wird mit ihnen sein (Offb 21,1–4).

Leitwort der 7. Woche

Gott nahe zu sein
ist mein Glück. Ps 73,28

Obwohl sich Gott im Alten Bund noch nicht endgültig offenbart hatte, erkannten die Frommen in Israel in zunehmendem Maße, daß das verheißene Heil sich nicht in diesseitigen Gütern und Werten darstellt – Reichtum, Besitz, Gesundheit, langes Leben, Glück in Familie und Tätigkeit –, sondern daß es seine letzte Mitte besitzt in der innigen persönlichen Gemeinschaft mit dem liebenden Gott.
Das Angebot dieser Gemeinschaft fand ihren ergreifenden Ausdruck im Kommen, Leben und Sterben des Sohnes Gottes. Im Geist der Kindschaft ist es uns Christen geschenkt, diesem Angebot des liebenden Vaters Jesu Christi in Offenheit und vorbehaltloser Liebe zu entsprechen. So finden die Psalmen dieser Woche erst im Mund christlicher Beter ihren vollen Sinn und ihre bleibende Wahrheit.

43

Nur eines erbitte ich vom Herrn, im Haus des Herrn zu wohnen alle Tage meines Lebens. Ps 27,1–14

Ein Beter, der auf vielfache Weise angefochten wurde und dabei Gottes Treue und Güte immer wieder als Befreiung erlebte, nennt den Bundesgott „sein Licht und sein Heil". Er möchte ihm im Tempel immer nahe sein, vor seinem Angesicht leben, bei ihm zu Hause sein wie ein Kind bei seinen Eltern. Die Gemeinschaft mit Gott macht den Inhalt, den Sinn und das Glück seines Lebens aus. Aus dieser Gemeinschaft heraus gewinnt er unbedingte Zuversicht für sein Leben, werden ihm alle anderen Dinge zweitrangig.
Jesus hat aus einzigartig-inniger Lebensgemeinschaft mit seinem Vater heraus sein Lebenswerk vollbracht und fordert daher seine Jünger auf, wie er dem Vater zu vertrauen und sich ihm anzuvertrauen.

Ich rief: Herr, mein Vater bist du, mein Gott, mein rettender Held (Sir 51,1–11).
Fürchte dich nicht, denn ich, dein Gott, bin mit dir (Jes 41,10).
Fürchte dich nicht, ich habe dich beim Namen gerufen, du gehörst mir (Jes 43,1–3a).
Selbst wenn eine Mutter ihren Sohn vergessen würde, ich vergesse dich nicht (Jes 49,15).
Fürchte dich nicht, du kleine Herde, es hat eurem Vater gefallen, euch das Reich zu geben (Lk 12,32).
Wie mich der Vater geliebt hat, so habe ich euch geliebt; bleibt in meiner Liebe (Joh 15,9).
Für mich ist Christus das Leben, und Sterben Gewinn (Phil 1,21).
Christus will ich erkennen und die Macht seiner Auferstehung und die Gemeinschaft mit seinen Leiden (Phil 3,7–11).

44

Meine Seele dürstet nach dem lebendigen Gott.

Ps 42,2–12; 43,1–5

Ein frommer Israelit, der in heidnischer Umgebung leben mußte, sprach zuerst in diesem Psalm – beide Teile bildeten ursprünglich eine Einheit – seine Sehnsucht aus, im Tempel, vor dem Angesicht Gottes in engster Nähe mit Gott leben zu dürfen.
Dieser Psalm wurde später nicht nur das Gebet vieler Wallfahrer zum Tempel, auch zum Gebet Jesu und seiner Jünger, sondern zum Gebet all derer, die als Jünger Jesu in engster Gemeinschaft mit Jesus, dem Herrn, und seinem Vater leben wollen. Darum hat die Kirche früher mit diesem Psalm die Eucharistiefeier begonnen. Dieser Psalm ist gleichzeitig ein Ruf der Sehnsucht nach der endgültigen Gemeinschaft mit Gott und Christus geworden.

Auf, auf, ihr Durstigen, kommt ans Wasser; kommt zu mir, dann werdet ihr leben (Jes 55,1–3).
Wie freute ich mich, als man mir sagte: Zum Haus des Herrn wollen wir pilgern (Ps 122,1–9).
Der Herr behüte dein Leben (Ps 121,1–8).
Für sein Volk ist der Herr eine Zuflucht, eine Burg für Israels Söhne (Joel 4,16–18).
Seht, die Wohnung Gottes unter den Menschen (Offb 21,1–4).
Der Thron Gottes und des Lammes wird in der Stadt stehen, und seine Knechte werden sein Angesicht schauen (Offb 21,22 bis 22,5).

45

Gott, du mein Gott, dich suche ich. Ps 63,2–9

Der erste Beter dieses Sehnsuchtsgebetes war ein vielfach bedrängter Mensch, dem im Auf und Ab seines Lebens immer deutlicher bewußt wurde, daß die Gemeinschaft mit dem Bundesgott mehr wert ist als alles, was das Leben bietet, ja mehr wert als das vergängliche Leben selbst. Er suchte darum immer wieder die Nähe seines Gottes im Tempel. Seine Gedanken kreisten sehnsüchtig um diesen Gott. Aus der Gemeinschaft mit ihm gewann er Kraft, Hoffnung und Freude für sein Leben.
Dieses Gebet spricht auf großartige Weise aus, wie Jesus aus der Gemeinschaft mit seinem Vater lebte; es zeigt zugleich, wie der Jünger Jesu leben soll. So wird dieses Gebet auch – ohne die Schlußverse – zum Gebet des Bekenntnisses und der Sehnsucht des Christen, daß die jetzt schon in Christus gegebene Gemeinschaft mit Gott endgültig und vollkommen werden möge.

Meine Speise ist es, den Willen dessen zu tun, der mich gesandt hat (Joh 4,34).
Wie ich durch den Vater lebe, so wird jeder, der mich ißt, durch mich leben (Joh 6,48–58).
Ich werde euch zu mir holen, damit auch ihr dort seid, wo ich bin (Joh 14,1–7).
Das ist das ewige Leben: dich, den einzigen und wahren Gott, zu erkennen und Jesus Christus, den du gesandt hast (Joh 17,3).
Ob wir leben oder ob wir sterben, wir gehören dem Herrn (Röm 14,7f).
Leben, Tod, Gegenwart und Zukunft: alles gehört euch; ihr aber gehört Christus, und Christus gehört Gott (1 Kor 3,22).

46

Ich aber bleibe immer bei dir. Ps 73,1–28

In erschütternder Weise ringt sich in diesem Psalm ein Gläubiger, der Anstoß nimmt an der so ungerechten Wirklichkeit, zu der Gewißheit durch: Die Gemeinschaft mit dem sich in Liebe offenbarenden Gott ist das wahre Glück des Menschen, und diese Gemeinschaft wird den Tod überdauern. Diese Erkenntnis ist doppelt bedeutsam, weil zu dieser Zeit ein Wissen um eine Auferstehung der Toten noch fehlt. Dem Beter dieses Psalms wurde aber durch Gott die Erkenntnis geschenkt – vielleicht beim Gebet im Tempel –, daß Gottes Liebe unbedingt ist und daß sie auch den Tod überwinden wird. So gehört dieser Psalm zu den großartigsten Zeugnissen altbundlichen Glaubens.
Durch den Tod und die Auferstehung Jesu und die sich darin offenbarende, göttliche Liebe hat die Erkenntnis dieses Beters ihre tiefste Bestätigung gefunden. Dadurch wurde dieser Psalm zu einem Grundgebet christlichen Glaubens und Hoffens.

Stark wie der Tod ist die Liebe (Hld 8,6f).
Ich habe dich bei deinem Namen gerufen; du gehörst mir. Wenn du durchs Wasser schreitest, bin ich bei dir; wenn du durchs Feuer gehst, wirst du nicht versengt (Jes 43,2).
Meine Schafe hören auf meine Stimme; ich kenne sie und gebe ihnen ewiges Leben (Joh 10,27–29).
Weder Tod noch Leben können uns scheiden von der Liebe Gottes in Christus Jesus, unserem Herrn (Röm 8,35–39).
Dann werden wir immer beim Herrn sein (1 Thess 4,13–18).
Unsere Heimat ist im Himmel (Phil 3,20).
Wir wissen, daß wir Christus ähnlich sein werden, wenn er offenbar wird; denn wir werden ihn sehen, wie er ist (1 Joh 3,1–2).
Gott hat uns ewiges Leben gegeben, und dieses Leben ist in seinem Sohn (1 Joh 5,11f).

47

Du bist mein Herr,
mein ganzes Glück bist du allein. Ps 16,1–11

Ein Levit oder ein Priester, die keinen Anteil am verheißenen Land innehatten, sondern von den Tempelabgaben und den Opfern lebten, zeigt sich beglückt über das, was ihm zufiel: sein Anteil am Leben, sein Erbe, sein Lebensinhalt ist Gott. Und er weiß aus seiner Glaubenserfahrung heraus, daß Gott seinen Frommen und Getreuen Leben über den Tod hinaus schenken wird.
Das Bekenntnis des Psalms fand, wie das Neue Testament zeigt, seine Erfüllung in Jesus Christus und ist dadurch zum Lebensgesetz der Christen geworden. Wir Christen dürfen dieses Danklied voll Freude nachsprechen, weil unser Anteil am Leben die Teilhabe am Schicksal Christi, des Auferstandenen, ist.

Gott, der Schöpfer des Alls, ist Jakobs Anteil (Jer 10,16).
Gott wird mich loskaufen aus dem Reich des Todes (Ps 49,16).
Lernt von mir; denn ich bin gütig und von Herzen demütig; so werdet ihr Ruhe finden für eure Seele (Mt 11,28–30).
Der Mächtige hat Großes an mir getan (Lk 1,46–56).
Du hast Worte des ewigen Lebens (Joh 6,68).
Gott hat seine Verheißung an uns erfüllt, indem er Jesus auferweckt hat (Apg 13,30–35).
Der Herr, ihr Gott, wird leuchten über ihnen (Offb 22,1–5).

48

Ich ließ meine Seele ruhig werden und still, wie ein kleines Kind bei der Mutter. Ps 131,1–3

Ein Frommer bekennt hier, daß die Gemeinschaft mit seinem Gott ihm eine große Gelassenheit und zugleich eine tiefe Geborgenheit schenkt. Wie ein kleines Kind an der Brust seiner Mutter, so darf der gläubige Mensch sich ausruhen und sich wohl fühlen bei Gott, seinem Vater. Er weiß sich zu Recht geborgen in der Liebe und Sorge Gottes und Christi, seines Herrn.

Ich gehöre meinem Geliebten, und ihn verlangt nach mir (Hld 7,11).
Die Weisheit tritt von Geschlecht zu Geschlecht in heilige Seelen ein und schafft Freunde Gottes (Weish 7,27).
Selig, die arm vor Gott sind, denn ihnen gehört das Himmelreich (Mt 5,3).
Wer das Reich Gottes nicht annimmt wie ein Kind, wird nicht hineinkommen (Mk 10,13–16).
Meinen Frieden gebe ich euch (Joh 14,25–29).
Ihr seid meine Freunde (Joh 15,9–17).
Das Reich Gottes ist Friede und Freude (Röm 14,17–19).
Die Frucht des Geistes ist Liebe, Freude, Friede, Langmut (Gal 5,22–24).
Gott wird alle Tränen von ihren Augen abwischen (Offb 21,1–7).

49

Lobet den Herrn vom Himmel her.
Lobet den Herrn, ihr auf der Erde. Ps 148,1–14

In zwei Strophen werden die Bereiche über der Erde und die Lebewesen auf der Erde zum Lob Gottes aufgefordert – siebenmal im ersten Teil, dreimal im zweiten Teil. Träger der Aufforderung ist das Volk Gottes, das sich ihm nahen darf und darum um die Größe Gottes weiß und das als letzten Sinn der Schöpfung das Lob des Schöpfers erkannt hat. In Jesus Christus fand diese Ehrung Gottes ihre höchste menschliche Aufgipfelung. Als Haupt der erlösten Menschheit ist er nun der Mund der Schöpfung.
Wir heutigen Menschen wissen um die Größe und Liebenswürdigkeit Gottes mehr als alle vorangehenden Generationen. Darum müssen wir das Lob Gottes, unseres Schöpfers, Vaters und Erlösers, zur Mitte unseres Lebens machen.

Ich will Gott danken mit meinem Lob (Ps 28,6–9).
Bringt dar dem Herrn Lob und Ehre (Ps 29,1–11).
Für die Frommen ziemt es sich, Gott zu loben (Ps 33,1–3).
Wer Opfer des Lobes bringt, ehrt mich (Ps 50,23).
Ich will deine Macht besingen (Ps 59,17).
Ich will dich rühmen mein Leben lang (Ps 63,5f).
Alle Welt bete dich an, Gott, und singe dein Lob (Ps 66,1–4).
Wir, dein Volk, wollen deinen Ruhm verkünden von Geschlecht zu Geschlecht (Ps 79,13).
Bringt euch selbst als lebendiges und heiliges Opfer dar, das Gott gefällt; das ist der wahre und angemessene Gottesdienst (Röm 12,1–2).
Gott, der Vater werde verherrlicht durch die Kirche und durch Christus Jesus in allen Generationen, für ewige Zeiten. Amen (Eph 3,14–21).